一夜づけ！
宅建士
2024

植杉伸介 著

三省堂

はしがき

◆細切れ時間を有効活用

通勤電車の中やお昼の休憩時間など、ちょっとした空き時間を利用して勉強するときに、本書は非常に使いやすく構成されています。厳選した123テーマを各1ページにまとめてあるので、2～3分の時間があれば、1つのテーマを学習することができるからです。通勤電車1駅分の時間で、細切れに学習することが可能なのです。

◆合格に必要な知識を満載

本書はコンパクトなサイズであり、ページ数も最小限ですが、試験に合格するために必要なものはすべて詰め込んであるので、安心してください。

◆キーワード学習

本書では、知識のキーワードになる部分を赤字にしてあります。添付の暗記シートを使えば、キーワードを暗記することができます。また、暗記シートでキーワードを隠すことにより、本書を知識を確認する問題集としても活用できます。

◆合格への意欲

本書を繰り返し読んでマスターすれば、必ず合格する実力を獲得することができます。あとは、「合格する」という強い意欲とともに、自分の努力を信じて試験に臨むだけです。そうすれば、きっと合格します！

著者　植杉伸介

一夜づけ！宅建士 2024／目次

第２編　宅地建物の法規制

第３編　権利に関する基礎知識

第４編　宅地建物の取引

第5編　宅地建物の取引等の法規制

第6編　宅建業者・宅建士の業務

第７編　登録講習修了者免除科目

1　宅地建物取引業の免許(1)

一夜づけ　自らが売主となることは宅建業だが、自らが貸主となることは宅建業ではない。

1　免許の要否

①宅建業を営むには、免許が必要。宅建業者の従業員であっても、個人的に宅建業を営むには、免許が必要。

②宅建業とは、不特定多数の者（国などでもよい）に対して反復または継続して宅地または建物（一部でもよい）の売買・交換・貸借をすること。

③売買・交換は、その代理または媒介をすることも、自らが売主・買主などになることも、宅建業。

④貸借は、その代理または媒介をすることは宅建業だが、自らが貸主・借主になることは宅建業ではない。

⑤宅地とは、現に建物が建っている土地、建物を建てる目的で取引する土地、用途地域内の土地（ただし、現に道路・公園・河川・広場・水路に供せられているものを除く）をいう。

⑥一団の宅地建物の売買・交換の媒介・代理を宅建業者に依頼した場合も、依頼者が自ら売買・交換をしていることに変わりはないので、免許が必要。

⑦国・地方公共団体・地方住宅供給公社などは、免許なしで宅建業ができるが、農業協同組合は免許が必要。

⑧信託会社は、国土交通大臣への届出により、宅建業を営むことができる。免許は不要。

2　免許の種類

⑨複数の都道府県に事務所を設置する場合は、国土交通大臣の免許が必要。１つの都道府県にのみ事務所を設置する場合は、その都道府県の知事の免許でよい。

⑩事務所とは、本店及び宅建業を行っている支店をいう。

2 宅地建物取引業の免許(2)

一夜づけ 免許は未成年を理由に拒否されないが、法定代理人についてチェックされる。

1 免許の効力

①事務所の所在地の変更により、免許権者が変わる場合は、**免許換え**が必要である。怠ると、免許を取り消される。

②免許の有効期間は**5年**。有効期間が過ぎても、免許証の返納不要。

③免許の更新の申請は、有効期間満了の**90日**前から**30日**前までに行わなければならない。更新申請中は、処分があるまで免許が有効。

④免許が失効した場合であっても、失効前に締結した契約に基づく取引を結了する範囲内では、その宅建業者や相続人等も**宅建業者**とみなされる。

2 免許の基準その1

⑤申請者またはその**政令使用人**(事務所の代表者)が欠格者であれば、免許を受けられない。

⑥申請者が法人なら、その**役員**が欠格者の場合も、免許を受けられない。**役員**は、常勤・非常勤を問わない。

⑦営業に関し成年者と同一の**行為能力**のない未成年者の申請なら、法定代理人が欠格者の場合も、ダメ。

⑧**破産**手続開始決定を受けた者は欠格者。しかし、復権を得れば、直ちに免許を受けられる。

⑨暴力団員または暴力団員でなくなった日から**5年**を経過しない者(暴力団員等)は欠格者。暴力団員等がその事業活動を支配する者も欠格者。

⑩**心身の故障**により宅建業を適正に営むことができない者として国土交通省令で定めるものは欠格者。

3　宅地建物取引業の免許(3)

一夜づけ　禁錮以上の刑を受けて5年以内の者は、犯罪の種類を問わず欠格者。

1　免許の基準その2

①免許不正取得・業務停止処分事由に該当し情状が特に重い・業務停止処分違反のいずれかによる免許取消しの日から5年を経過しない者は欠格者。

②免許不正取得・業務停止処分事由に該当し情状が特に重い・業務停止処分違反で免許取消しの聴聞の期日等を公示された日から処分を決定する日までの間に、相当の理由なく廃業の届出をした者は、その届出の日から5年間は欠格者。

③上記①②の宅建業者が法人であった場合、取消しに係る聴聞の期日等の公示日前60日以内に役員であった者は、法人と同じく5年間は欠格者。

④懲役などの禁錮以上の刑に処せられ、その執行を終わり、または執行を受けることがなくなった日から5年を経過しない者は欠格者。

⑤傷害罪等の暴力的な犯罪及び背任罪により罰金刑に処せられ、その執行を終わり、または執行を受けることがなくなった日から5年を経過しない者は欠格者。宅建業法違反による罰金刑も同じ。

⑥刑に執行猶予が付された場合、猶予期間中は免許を受けられないが、猶予期間が満了すれば翌日から免許を受けることができる。

⑦免許申請前5年以内に宅建業に関し不正または著しく不当な行為をした者や宅建業に関し明らかに不正または不誠実な行為をするおそれがある者も欠格者。

宅地建物取引業の免許(4)

一夜づけ　相続なら知った日から30日以内に、合併ならその日から30日以内に届出。

1 免許の取消し

①宅建業者・その役員・その政令使用人が破産手続開始決定を受けると、免許を取り消される。破産者で復権を得ない者が役員または政令使用人になった場合も同じ。

②宅建業者・その役員・その政令使用人が禁錮以上の刑に処せられると、免許を取り消される。

③宅建業者・その役員・その政令使用人が傷害罪等の暴力的な犯罪及び背任罪により罰金刑に処せられると、免許を取り消される。宅建業法違反による罰金刑も同じ。

④免許取得後1年以内に事業を開始せず、または引き続いて1年以上事業を休止した場合、免許を取り消される。

⑤免許を取り消すことができるのは、その免許を付与した免許権者(国土交通大臣または都道府県知事)のみ。

2 変更等の届出

⑥法人である宅建業者の役員・個人業者本人・政令使用人の氏名に変更があった場合、30日以内に免許権者への届出が必要。これらの者の住所の変更は、届出不要。

⑦宅建業者が死亡した場合、相続人は、それを知った日から30日以内に免許権者に届け出なければならない。

⑧宅建業者である法人が合併により消滅した場合、その法人を代表する役員であった者は、その日から30日以内に免許権者に届け出なければならない。

⑨宅建業者が破産手続開始決定を受けた場合、破産管財人が廃業の届出をしなければならない。

5 宅地建物取引士(1)

一夜づけ 事務所は5人に1人以上、案内所は1人以上の専任宅建士を設置。

1 宅地建物取引士の設置

①宅建業者は、事務所ごとに、業務に従事する者5人に1人以上の割合で、成年者の専任の宅地建物取引士（宅建士）を置かなければならない。

②一団（10区画以上）の宅地または一団（10戸以上）の建物の分譲またはその代理・媒介を行う案内所であって、契約を締結、または、契約の申込みを受ける所を設けた宅建業者は、その案内所に1人以上の成年者の専任の宅建士を置かなければならない。

③宅建業者は、業務に関し展示会その他これに類する催しを実施する場所であって、契約を締結、または、契約の申込みを受ける所に、1人以上の成年者の専任の宅建士を置かなければならない。

④成年者の専任の宅建士が法定数を下回った場合、2週間以内に是正しないと、業務停止処分の対象となる。

⑤成年者の専任の宅建士の氏名が変わった場合、宅建業者は30日以内に免許権者に届け出る必要がある。

2 宅建士試験

⑥宅建士試験を行うのは都道府県知事。ただし、国土交通大臣の指定する者に試験事務を行わせることができる。

⑦都道府県知事は、不正の手段によって宅建士試験を受け、または受けようとした者に対して、合格決定の取消し、またはその試験を受けることを禁止できる。また、その禁止処分を受けた者に対し3年以内の期間を定めて受験を禁止できる。

6　宅地建物取引士(2)

一夜づけ　成年者と同一の行為能力がある未成年者は、登録を受けられる。

1　宅建士の登録申請

①宅建士の登録を受けられるのは、宅地建物の取引に関し２年以上の実務経験のある宅建士試験合格者。

②２年以上の実務経験がなくても、国土交通大臣が同等以上の能力を持つと認めた合格者（国土交通大臣指定の登録実務講習の修了者）は、登録を受けられる。

③申請先は、合格した宅建士試験を行った都道府県知事。複数の都道府県で合格しても、いずれか１つのみ。

2　宅建士の登録の要件

④宅建業に係る営業に関し成年者と同一の行為能力のない未成年者は、登録を受けられない。

⑤破産手続開始決定を受けた者は、登録を受けられない。ただし、復権を得れば、直ちに登録を受けられる。

⑥免許の不正取得等の理由で免許を取り消された者は、５年間登録を受けられない。取消しに係る聴聞の公示日前60日以内に、免許を取り消された法人の役員であった者も同じ。

⑦禁錮以上の刑に処せられた者は、その執行を終わり、または執行を受けることがなくなった日から５年を経過しないと、登録を受けられない。傷害罪等の暴力的な犯罪、背任罪及び宅建業法違反により罰金刑に処せられた者も同じ。ただし、執行猶予を受けた者は、猶予期間満了の翌日から登録を受けられる。

7 宅地建物取引士(3)

一夜づけ 変更登録は遅滞なく行い、欠格事由の届出は30日以内に行う必要がある。

1 宅建士資格登録簿

①宅建士の登録は、宅建士資格登録簿に、氏名、生年月日、本籍、性別、住所、勤務先の宅建業者の商号または名称・免許証番号などを登載して行う。

2 変更の登録

②宅建士の登録事項に変更があつた場合、遅滞なく、変更の登録を申請しなければならない。宅建士証の交付を受けていなくても、また、専任の宅建士でなくても同様。

3 欠格事由の届出

③宅建士の登録を受けている者が破産手続開始決定を受けた場合、本人が30日以内に登録している都道府県知事に届け出なければならない。

④宅建士の登録を受けている者が不正取得等を理由に宅建業の免許を取り消された場合、本人が30日以内に登録している都道府県知事に届け出なければならない。

⑤宅建士の登録を受けている者が禁錮以上の刑に処せられた場合、本人が30日以内に登録している都道府県知事に届け出なければならない。

⑥宅建士の登録を受けている者が、傷害罪等の暴力的な犯罪、背任罪及び宅建業法違反により罰金刑に処せられた場合、本人が30日以内に登録をしている都道府県知事に届け出なければならない。

⑦宅建士の登録を受けている者が死亡した場合、相続人は、その事実を知った日から30日以内に登録している都道府県知事に届け出なければならない。

8 宅地建物取引士(4)

一夜づけ　登録を移転できるのは、勤務先を変更する場合だけである。

1 登録の消除

①宅建士の登録を受けた者が禁錮以上の刑に処せられ、または傷害罪等の暴力的な犯罪、背任罪及び宅建業法違反により罰金刑に処せられると、登録を消除され、刑の執行を終わり、または執行を受けることがなくなった日から5年間登録を受けられない。

②不正の手段により宅建士の登録または宅建士証の交付を受けた者は、登録の消除処分を受け、その後5年間登録を受けられない。聴聞の公示後、処分前に、相当の理由なく、自ら申請し登録を消除された者も同じ。

③登録を受けたが、宅建士証の交付を受けずに事務を行い、情状が特に重い者は、登録の消除処分を受け、その後5年間登録を受けられない。聴聞の公示後、処分前に、相当の理由なく、自ら申請し登録を消除された者も同じ。

④事務の禁止処分を受け、禁止期間中に自らの申請により登録を消除された者は、禁止期間が満了しないと、登録を受けられない。

2 登録の移転

⑤宅建士の登録を受けている者は、登録を受けている都道府県以外に所在する宅建業者の事務所の業務に従事し、または従事しようとする場合に限り、登録している都道府県知事を経由して、新たな勤務先を管轄する都道府県知事に登録の移転を申請できる。ただし、事務の禁止処分を受け、禁止期間が満了していない場合はできない。

9 宅地建物取引士(5)

一夜づけ 氏名・住所の変更をする場合には、宅建士証の書換え交付申請も必要。

1 宅建士証の交付

①宅建士証の交付は、登録した**都道府県知事**に申請する。

②宅建士証の交付を受けるには、交付申請前6か月以内に、申請先の都道府県知事が指定する**講習**を受講しなければならない。ただし、試験合格日から1年以内の交付申請であれば、受講不要。

③宅建士証には、宅建士の氏名・生年月日・**住所**などが記載される。

④氏名または住所を変更した場合には、遅滞なく、変更の登録の申請とともに、宅建士証の**書換え交付**を申請しなければならない。

2 宅建士証の有効期間

⑤宅建士証の有効期間は**5年**。

⑥申請により**更新**する。更新後の有効期間も5年。

⑦更新の際にも、申請前**6か月以内**に、都道府県知事指定の講習を受講する必要がある。

3 登録の移転と宅建士証の交付

⑧勤務先事務所の変更により登録を**移転**すると、宅建士証は効力を失う。

⑨登録の移転の申請とともに、宅建士証の**交付**を申請できる（都道府県知事指定の講習の受講不要）。

⑩申請を受けた都道府県知事は、登録移転後、移転前の宅建士証の**残期間**を有効期間とする宅建士証を交付しなければならない。

10 宅地建物取引士(6)

一夜づけ 再交付後に亡失した宅建士証を発見した場合、発見したものを返納する。

1 宅建士証の亡失・滅失

①宅建士証を亡失・滅失・汚損・破損した場合には、再交付を申請できる。

②汚損・破損による再交付は、従前の宅建士証と引換えになされる。

③再交付後に、亡失した宅建士証を発見した場合は、速やかに、発見した宅建士証をその交付者である都道府県知事に返納しなければならない。

2 事務の禁止処分と宅建士証

④事務の禁止処分を受けた場合、宅建士は、速やかに、宅建士証をその交付者である都道府県知事に提出しなければならない。

⑤提出しないと、10万円以下の過料に処せられる。

⑥事務の禁止期間が満了し、提出者から返還請求があった場合、都道府県知事は、直ちに、宅建士証を返還しなければならない。

⑦勤務先の宅建業者が業務停止処分を受けても、宅建士は、宅建士証を都道府県知事に提出する必要はない。

3 宅建士証の返納

⑧登録が消除された場合または宅建士証が効力を失った場合、宅建士は、速やかに、宅建士証をその交付者である都道府県知事に返納しなければならない。

⑨返納しないと、10万円以下の過料に処せられる。

11　従業者名簿・帳簿

一夜づけ　事務所ごとに帳簿を備え、取引の都度、必要事項を記載しなければならない。

1　従業者名簿

①宅建業者は事務所ごとに従業者名簿（必要に応じ紙面に表示できるなら電磁的記録も可）を備え、従業者の氏名・生年月日・従業者証明書番号・宅建士か否か・従業者でなくなった年月日などを記載する必要がある。代表者や一時的に事務を補助する者も従業者。

②従業者名簿は、最終記載日から10年間保存を要する。

③取引関係者から請求があれば、従業者名簿を閲覧させなければならない。

④従業者名簿を備えなかったり、必要事項を記載しなかったり、虚偽の記載をしたりすると、50万円以下の罰金。

⑤従業者は従業者証明書を携帯し、請求があれば提示。

2　帳簿の備付け

⑥宅建業者は事務所ごとに帳簿（必要に応じ紙面に表示できるなら電磁的記録も可）を備える必要がある。

⑦帳簿には、取引の都度、その年月日・宅地建物の所在や面積・報酬の額などを記載する必要がある。

⑧帳簿は、事業年度ごとに作成する。各事業年度の末日で閉鎖。閉鎖後5年間保存する。ただし、自ら売主となった新築住宅に関するものは、10年間保存義務がある。

⑨帳簿は、取引関係者から請求があっても、閲覧させる義務はない。

⑩帳簿を備えなかったり、必要事項を記載しなかったり、虚偽の記載をしたりすると、50万円以下の罰金に処せられる。

12 報酬額・標識・案内所設置届

一夜づけ 一団の宅地建物の分譲なら、事務所に加え、所在地や案内所にも標識が必要。

1 報酬額の掲示

①宅建業者は、事務所ごとに、公衆の見やすい場所に国土交通大臣の定めた**報酬額**を掲示しなければならない。

②**案内所**には、報酬額を掲示する必要はない。

2 標識の掲示

③宅建業者は、事務所ごとに、公衆の見やすい場所に国土交通省令で定める**標識**を掲げなければならない。

④一団（10区画以上または10戸以上）の宅地建物を分譲する宅建業者は、宅地建物の**所在地**に標識を掲げる必要がある。

⑤案内所を設置して一団の宅地建物を分譲する宅建業者は、**案内所**にも標識を掲げる必要がある。契約を締結または契約の申込みを受ける**案内所**か否かを問わない。

⑥案内所を設置して一団の宅地建物の分譲の代理・媒介をする宅建業者も、同様。その標識には、**売主**の商号・名称、免許証番号などの記載も必要。

⑦宅建業者は、**展示会**その他これに類する催しを実施する場所にも標識を掲げる必要がある。

3 案内所設置の届出

⑧一団の宅地建物の分譲またはその代理・媒介を行う案内所であって、**契約**を締結、または、**契約**の申込みを受けるものを設置する場合、その設置者は、業務開始日の10日前までに届け出なければならない。

⑨届出先は、**免許権者**と案内所の所在地を管轄する都道府県知事。免許権者が国土交通大臣の場合は、案内所の所在地を管轄する都道府県知事を経由して届け出る。

13 営業保証金の供託による事業開始(1)

一夜づけ　事業を開始するには、営業保証金の供託と免許権者への届出が必要。

1 営業保証金の供託

①宅建業者は、主たる事務所(本店)の最寄りの供託所に営業保証金を供託しなければならない。

②供託すべき営業保証金の額は、主たる事務所(本店)分(1,000万円)と、その他の事務所(支店)分(500万円×支店の数)の合計額。

③供託は、金銭だけでなく、一定の有価証券でもできる。両者を併用してもよい。

④有価証券を供託する場合、国債証券は額面どおり、地方債・政府保証債証券は額面の90%、その他の債券は額面の80%の金額に評価される。

⑤供託した金銭を有価証券に、有価証券を金銭に差し替えることができる。その場合、遅滞なく、免許権者に届け出る必要がある。

2 供託の届出と事業の開始

⑥営業保証金を供託した宅建業者は、供託書の写しを添付して、その旨を免許権者に届け出なければならない。この届出は、国土交通大臣に対しても直接行う。

⑦免許を受けた日から3か月以内に宅建業者が供託をした旨の届出をしない場合には、免許権者は、催告をしなければならない。

⑧催告の到達日から1か月以内に宅建業者が届出をしない場合、免許権者は、免許を取り消すことができる。

⑨供託した旨の届出後でなければ、宅建業者は、事業を開始してはならない。

14 営業保証金の供託による事業開始(2)

一夜づけ 金銭だけなら保管替えができるが、有価証券なら新たに供託する必要がある。

1 事務所増設と営業保証金

①事業開始後に事務所を増設した場合、宅建業者は、その事務所についての営業保証金を**主たる事務所**の最寄りの供託所に供託しなければならない。

②増設事務所について営業保証金を供託した場合、供託書の写しを添付して、その旨を**免許権者**に届け出なければならない。

③供託した旨の届出をしないと、増設事務所で**事業**を開始できない。

④分譲のための**案内所**を設置しても、営業保証金を追加供託する必要はない。

2 営業保証金の保管替え

⑤営業保証金を金銭のみで供託している宅建業者の主たる事務所が移転し、最寄りの供託所が変わった場合、宅建業者は、遅滞なく、費用を予納して、従前の供託所に対し営業保証金の**保管替え**を請求しなければならない。

⑥営業保証金の保管替えが認められるのは、営業保証金を**金銭**のみで供託している場合だけである。

⑦営業保証金の全部または一部を**有価証券**で供託している宅建業者の主たる事務所が移転し、最寄りの供託所が変わった場合には、宅建業者は、遅滞なく、移転後の最寄りの供託所に新たに営業保証金を供託する必要がある。

⑧移転後の最寄りの供託所に新たに営業保証金を供託した場合は、従前の供託所から、供託してあった営業保証金を公告なしに**取り戻す**ことができる。

15 営業保証金の供託による事業開始(3)

一夜づけ 免許を取り消された場合も、営業保証金を取り戻すことができる。

1 営業保証金の還付

①宅建業に関する取引によって宅建業者に対する債権を取得した者（宅建業者を除く）は、宅建業者が供託した営業保証金の範囲内で還付を受けられる。

②還付を受けられるのは、宅地建物の売買・交換・貸借によって生じた債権だけである。

2 補充供託

③営業保証金の還付により営業保証金に不足が生じた場合、宅建業者は、免許権者から通知書の送付を受けた日から２週間以内に不足額を供託しなければならない。

④不足額を供託しないと、業務停止処分を受ける。情状が特に重いと、免許を取り消される。

⑤補充供託をした宅建業者は、供託日から２週間以内に免許権者に届け出なければならない。

3 営業保証金の取戻し

⑥免許の有効期間の満了・廃業等の届出・宅建業者の死亡または合併による消滅・免許の取消処分によって、免許が失効した場合、６か月以上の期間を定めて公告し、還付請求権者の申出がなければ、営業保証金を取り戻すことができる。

⑦一部の事務所を廃止し営業保証金に超過額が生じた場合も、同じ手続により超過額を取り戻すことができる。

⑧廃業の届出等の営業保証金を取り戻すことのできる事由が発生した時から10年を経過すると、公告なしに営業保証金を取り戻すことができる。

16 保証協会加入による事業開始(1)

一夜づけ 保証協会の必須業務は、苦情の解決・研修・弁済業務の3つ。

1 宅地建物取引業保証協会（保証協会）

①保証協会は、**宅建業者**だけを社員とする一般社団法人。

②加入できる保証協会は**1つ**だけ。重複加入はできない。

③社員が加入し、または社員がその地位を失った場合、保証協会は、直ちにその社員の免許権者（国土交通大臣・都道府県知事）に**報告**しなければならない。

④加入前の宅建業に関する取引による債務があり、弁済業務の円滑な運営に支障を生ずるおそれがある場合には、保証協会は**担保の提供**を求めることができる。

⑤保証協会は、社員の扱った宅建業の取引に関する**苦情**について、相手方等から解決の申出があった場合、申出と解決の結果について社員に周知させなければならない。

⑥保証協会は、宅建業の業務に従事し、または従事しようとする者に対して**研修**を実施しなければならない。

⑦保証協会は宅建業に関する取引（加入前のものも含む）によって負った社員の債務を**弁済**しなければならない。

⑧保証協会は、社員との契約により社員の宅建業に関する債務を**連帯保証**する業務や手付金等保管事業ができる。

2 保証協会加入と営業保証金

⑨保証協会に加入し社員となった宅建業者は、その保証協会の弁済業務開始日以後について、**営業保証金**を供託する必要がなくなる。

⑩保証協会への加入により営業保証金供託の必要がなくなった宅建業者は、公告の手続をとらずに、供託した営業保証金を**取り戻す**ことができる。

17 保証協会加入による事業開始(2)

一夜づけ 弁済業務保証金分担金は、金銭に限るが、弁済業務保証金は、有価証券も可。

1 弁済業務保証金分担金の納付

①保証協会に加入するには、加入しようとする日までに弁済業務保証金分担金を**金銭**で納付しなければならない。

②納付すべき額は、**主たる事務所**(本店)分(60万円)と、その他の事務所(支店)分(30万円×支店の数)の合計額。

③事務所を増設した場合、2週間以内に、増設分の弁済業務保証金分担金を金銭で保証協会に納付しなければならない。納付しないと、保証協会の**社員**たる地位を失う。

2 弁済業務保証金の供託

④弁済業務保証金分担金納付後1週間以内に、保証協会は納付額相当の弁済業務保証金を**供託**する必要がある。

⑤供託は、金銭だけでなく、**有価証券**でもできる。

⑥供託した保証協会は、その宅建業者の**免許権者**(国土交通大臣・都道府県知事)に届け出なければならない。

⑦弁済業務保証金の供託先は、**法務大臣**及び国土交通大臣の定める供託所。

3 弁済業務保証金の還付

⑧保証協会の社員との宅建業に関する取引(社員になる前の取引を含む)によって**債権**を取得した者(宅建業者を除く)は、弁済業務保証金から還付を受けられる。

⑨還付額は、社員でない場合に供託すべき**営業保証金**の額の範囲内で、保証協会の認証を受けた額。

⑩還付され、国土交通大臣からその**通知**があった場合、保証協会は、**通知**を受けた日から2週間以内に還付額に相当する額の弁済業務保証金を供託しなければならない。

18 保証協会加入による事業開始(3)

一夜づけ　還付充当金・準備金・特別分担金で弁済業務保証金を確保する。

1 還付充当金の納付

①弁済業務保証金が還付された場合、保証協会は、還付に係る社員または元社員に対し還付額に相当する額の還付充当金の納付を通知しなければならない。

②納付通知を受けた社員または元社員は、２週間以内に還付充当金を保証協会に納付しなければならない。納付しないと、保証協会の社員たる地位を失う。

2 弁済業務保証金準備金

③保証協会は、還付充当金が納付されない場合に備え、弁済業務保証金の供託に充てる弁済業務保証金準備金を積み立てなければならない。

④弁済業務保証金から生ずる利息または配当金は、弁済業務保証金準備金に繰り入れなければならない。

⑤弁済業務保証金準備金を弁済業務保証金の供託に充てた後に納付を受けた還付充当金は、弁済業務保証金準備金に繰り入れなければならない。

3 特別弁済業務保証金分担金

⑥積み立てた弁済業務保証金準備金だけでは不足する場合、保証協会は、社員に対し弁済業務保証金分担金の額に応じた特別弁済業務保証金分担金の納付を通知しなければならない。

⑦納付通知を受けた社員は、１か月以内に特別弁済業務保証金分担金を保証協会に納付しなければならない。納付しないと、保証協会の社員たる地位を失う。

19 保証協会加入による事業開始(4)

一夜づけ 社員たる地位喪失による弁済業務保証金の取戻しには、公告が必要。

1 社員でなくなった後の事業継続

①保証協会の社員たる地位を失った宅建業者は、1週間以内に主たる事務所の最寄りの供託所に営業保証金を供託し、免許権者に届け出ないと、事業を続けられない。

2 弁済業務保証金の取戻し

②保証協会の社員が社員たる地位を失った場合、保証協会は、その者が納付した弁済業務保証金分担金の額に相当する額の弁済業務保証金を取り戻すことができる。

③保証協会の社員が事務所の一部を廃止し、納付した弁済業務保証金分担金に超過額が生じた場合、保証協会は、超過額相当の弁済業務保証金を取り戻すことができる。

④社員たる地位を失ったことを理由に弁済業務保証金を取り戻すためには、保証協会は、弁済業務保証金の還付請求権者に対し、6か月を下らない一定期間内に認証を申し出るよう公告しなければならない。

⑤事務所の一部の廃止による弁済業務保証金の取戻しの場合は、公告不要。

3 弁済業務保証金分担金の返還

⑥弁済業務保証金を取り戻した場合、保証協会は、社員であった者または社員に対し、取り戻した額に相当する額の弁済業務保証金分担金を返還する。

⑦保証協会が社員たる地位を失った者に対して債権を持っていた場合は、その債権の弁済が完了するまで、弁済業務保証金分担金を返還する必要はない。

20 都市計画法による規制(1)

一夜づけ 市街化区域・市街化調整区域を定められるのは、都市計画区域。

1 都市計画区域と準都市計画区域

①都市計画は土地利用・都市施設の整備・市街地開発事業に関する計画。対象は都市計画区域内が原則だが、特に必要なら、**都市施設**は都市計画区域外にも定められる。

②**都市計画区域**とは、一体の都市として総合的に整備・開発・保全する必要のある区域、または、新たに都市として開発・保全する必要のある区域であり、必要があれば、複数の市町村・都府県にわたって指定できる。

③**準都市計画区域**とは、都市計画区域外の区域のうち、そのまま放置すれば、将来における一体の都市としての整備・開発・保全に支障が生じるおそれのある区域。

④都市計画区域や準都市計画区域は、**都道府県**が予め関係市町村や都道府県都市計画審議会の意見を聴いて指定する。ただし、複数の都府県にわたる都市計画区域は、国土交通大臣が指定する。

2 区域区分

⑤区域区分とは、**市街化区域**と市街化調整区域との区分。

⑥市街化区域は、既に市街地を形成している区域と、概ね10年以内に優先的かつ計画的に**市街化**を図るべき区域。

⑦**市街化調整区域**は、市街化を抑制すべき区域。

⑧都市計画区域について無秩序な市街化を防止し、計画的な市街化を図るため必要がある場合、都道府県は、都市計画に**区域区分**を定めることができる。

⑨地方自治法の**指定都市**を含む都市計画区域には、区域区分を定めなければならないのが原則。中核市は任意。

21 都市計画法による規制(2)

一夜づけ 高度地区は高さを規制し、高度利用地区は容積率を規制する。

1 用途地域

①市街化区域には必ず用途地域を定めるが、市街化調整区域には、原則として用途地域を定めない。

②第一種住居地域は、住居の環境保護のための地域。第二種住居地域は、主としてその目的のための地域。

③工業専用地域は、工業の利便増進のための地域であり、工業地域は、主としてその目的のための地域。

2 特別用途地区・特定用途制限地域

④特別用途地区は、用途地域の指定を補完するものであり、用途地域内の一定の地区の特性にふさわしい特別の目的のために定める。

⑤特定用途制限地域は、用途地域の定めがなく、市街化調整区域でもない区域において、特性に応じた合理的な土地利用のために特定の建築物等の用途を制限する地域。

3 高度地区・高度利用地区・高層住居誘導地区

⑥高度地区は、用途地域内において建築物の高さの最高限度・最低限度を定める地区。

⑦高度利用地区は、用途地域内において建築物の容積率の最高限度と最低限度などを定める地区。

⑧高層住居誘導地区は、利便性の高い高層住宅の建設を誘導するため、第一種住居地域・第二種住居地域・準住居地域・近隣商業地域・準工業地域に定める地区。

⑨高度地区は、準都市計画区域にも定められるが、高度利用地区・高層住居誘導地区は、都市計画区域のみ。

22 都市計画法による規制(3)

一夜づけ 地区計画区域内で建築等をする場合は、30日前までに市町村長に届出。

1 地区計画

①地区計画は、一体として区域の特性にふさわしい態様を備えた良好な環境の街区を整備・開発・保全する計画。

②地区計画は、都市計画区域に定めることができる。用途地域の定めがない区域も、一定の場合に定められる。

③一定の条件に該当する区域の地区計画には、土地の高度利用と都市機能の増進を図る再開発等促進区や、大規模な建築物の整備によって商業などの利便の増進を図る開発整備促進区を定めることができる。

④地区整備計画が定められた地区計画の区域内において、建築物の建築等を行おうとする者は、着手日の30日前までに、市町村長に届け出なければならない。

⑤届け出た行為が地区計画に適合しない場合、市町村長は、設計の変更などの必要な措置をとるよう勧告できる。

2 都市計画の決定

⑥区域区分等は、都道府県が定める。用途地域や地区計画は、市町村が定める。

⑦複数の都府県にわたる都市計画区域についての都市計画は、国土交通大臣と市町村が定める。

⑧市町村が都市計画を定めるには、予め都道府県知事との協議が必要。ただし、知事の同意は不要である。

⑨一定の区域の土地の所有者等は、その区域内の土地所有者等の3分の2以上の同意を得れば、都市計画の決定・変更を提案できる。まちづくりの推進活動を目的とする特定非営利活動法人なども同様。

23 都市計画法による規制(4)

一夜づけ　小規模開発や公益上必要な開発などは、開発許可不要。

1 開発行為

①開発行為とは、主として建築物の建築または特定工作物の建設の用に供する目的で行う土地の区画形質（区画・形状・性質）の変更をいう。

②特定工作物とは、環境悪化をもたらすおそれのある一定の工作物（コンクリートプラントなど）、ゴルフコース、または1 ha（10,000 ㎡）以上の運動・レジャー施設をいう。

2 開発許可

③開発行為をするには、原則として、予め都道府県知事（指定都市等であれば、その長）の許可を受けなければならない。

④非常災害の応急措置として行う開発行為は、許可不要。

⑤都市計画事業・土地区画整理事業・市街地再開発事業などの施行として行う開発行為は、許可不要。

⑥駅舎などの鉄道の施設・図書館・公民館・変電所等の公益的建築物（病院・学校は含まない）のための開発行為は、許可不要。

⑦市街化区域以外で、農林漁業用の建築物及び農林漁業者の居住用建築物の建築ための開発行為は、許可不要。

⑧市街化区域の1,000 ㎡未満（三大都市圏の一定区域は500 ㎡未満）の開発行為は、許可不要。

⑨区域区分が定められていない都市計画区域または準都市計画区域内の3,000 ㎡未満の開発行為は、許可不要。

⑩都市計画区域及び準都市計画区域以外の1 ha 未満の開発行為は、許可不要。

24 都市計画法による規制(5)

一夜づけ　開発許可申請には、関係のある公共施設の管理者等の同意が必要である。

1 開発許可申請

①開発許可を申請しようとする者は、予め、開発行為に関係がある**公共施設**(すでにあるもの)について、その管理者と協議し同意を得、開発行為により設置される公共施設については、その管理予定者と協議をすることが必要。許可申請書には、同意・協議を証する書面を添付しなければならない。

②開発許可を申請するには、予め開発区域内の土地等につき**開発の妨げとなる権利**を持つ者の相当数の同意を得、それを証する書面を申請書に添付しなければならない。

③予定される建築物・特定工作物に関して、申請書に記載すべき事項は、**用途**等。構造・設備等は不要。

④ 1 ha 以上の開発行為に関する設計図書は、一定の**資格**のある者が作成したものでなければならない。

2 許可または不許可の処分

⑤開発許可の申請があった場合、**都道府県知事**または指定都市等の長は、遅滞なく、許可または不許可の処分をし、文書で申請者に通知しなければならない。

⑥用途地域の定めのない区域につき開発許可をする場合、必要があれば、建築物の**建ぺい率**などの制限ができる。

⑦開発許可を受けた者の**相続人**は、当然に地位を承継。土地の譲渡による承継には、都道府県知事の承認が必要。

⑧処分に不服のある者は、**開発審査会**に審査請求ができる。また、その裁決前でも、取消しの訴えを提起できる。

25 都市計画法による規制(6)

一夜づけ 開発許可を受けても、建築物を自由に建てられるわけではない。

1 開発行為に関する工事

①開発区域全部の開発行為に関する工事を完了した場合、開発許可を受けた者は、都道府県知事・指定都市等の長に**届け出**なければならない。

②工事完了の届出があった場合、遅滞なく、検査が行われ、工事が開発許可の内容に適合していれば、**検査済証**が交付され、工事の完了が公告される。

③開発行為に関する工事を**廃止**した場合、開発許可を受けた者は、遅滞なく、都道府県知事・指定都市等の長に届け出なければならない。

④開発行為またはそれに関する工事により設置された公共施設は、原則としてその所在地の**市町村**が管理する。

2 建築制限

⑤工事完了の**公告前**に開発許可区域内に建築物等を建ててはならない。例外は、開発行為に同意していない者が権利の行使として建てる建築物や工事用の仮設建築物など。

⑥工事完了の公告後は、開発許可区域内に**予定建築物**等以外のものを建ててはならない。例外は、都道府県知事・指定都市等の長が許可したものや用途地域等の定めのある区域に建てる建築物など。

⑦開発許可区域以外の**市街化調整区域**では、都道府県知事・指定都市等の長の許可を受けなければ、建築物等を建ててはならない。例外は、鉄道の施設・図書館・公民館・農業などを営む者の居住用建築物など。

26 都市計画法による規制(7)

一夜づけ 非常災害の応急措置は自由にでき、都道府県知事等の許可は不要。

1 都市計画事業

①都市計画事業とは、都市計画施設の整備に関する事業及び**市街地開発事業**をいう。

②**都市計画施設**とは、都市計画に定められた道路・公園・水道・学校・病院等の施設をいう。

③市街地開発事業を定められるのは、**市街化区域**または区域区分が定められていない都市計画区域内である。

④都市計画事業は、都道府県知事または国土交通大臣の認可を受けて、**市町村**が施行する。特別な事情があれば、国土交通大臣の認可を受けて、都道府県が施行できる。

⑤国の利害に重大な関係のある都市計画事業は、国土交通大臣の承認を受けて、**国の機関**が施行できる。

2 市街地開発事業等予定区域の規制

⑥市街地開発事業等予定区域内で、土地の形質変更・建築物の建築等を行うには、**都道府県知事**(市の区域内なら市長)の許可が必要。ただし、**非常災害**の応急措置・都市計画事業の施行として行う行為等は、許可不要。

⑦市街地開発事業等予定区域に係る市街地開発事業または都市施設に関する都市計画には、施行予定者も定める。

3 都市計画施設等の区域内の規制

⑧都市計画施設の区域または市街地開発事業の施行区域内で建築物の建築をするには、**都道府県知事**(市の区域内なら市長)の許可が必要。

⑨非常災害の応急措置・**都市計画事業**の施行として行う行為等は許可不要。

27 都市計画法による規制(8)

一夜づけ 都市計画事業の告示後の規制は絶対的であり、例外なく知事等の許可が必要。

1 都市計画事業の告示後の規制

①都市計画事業の認可・承認をした場合、国土交通大臣・都道府県知事は、遅滞なく、施行者の名称・事業地等を告示しなければならない。

②告示後、事業地内で、都市計画事業の施行の障害となるおそれのある土地の形質変更、建築物の建築、工作物の建設、5トン超の重量物件の設置・堆積を行うには、都道府県知事（市の区域なら市長）の許可が必要。例外なし。

③告示後、施行者が速やかに公告し、その翌日から起算して10日を経過した場合、その後に事業地内の土地建物等を有償で譲り渡すには、予定対価の額・相手方等を書面で施行者に届け出なければならない。

2 監督処分

④国土交通大臣、都道府県知事または市長は、都市計画法に違反した者に対して、都市計画上必要な限度において、許可等の取消し・建築物の除却等の違反是正措置を命ずることができる。

⑤国土交通大臣、都道府県知事または市長は、都市計画法違反の事実を知りながら、土地・建築物等を譲り受け、または賃貸借等により使用する権利を取得した者に対し、都市計画上必要な限度において、許可等の取消し・建築物の除却等の違反是正措置を命ずることができる。

28 建築基準法による規制(1)

一夜づけ　２つの用途地域に及ぶ場合は、敷地の過半が属する方の規制を受ける。

1 建築基準法と用途規制

①建築基準法は、建築物の敷地・構造・設備・用途に関する最低の基準を定めた法。

②国宝・重要文化財等には、建築基準法は適用されない。

③新たな規定に適合しない既存または工事中の建築物には、新たな規定を適用しない。

④２つの用途地域に及ぶ場合は、敷地の過半が属する地域の用途規制を受ける。

⑤住宅・共同住宅の建築禁止は、工業専用地域のみ。

⑥作業場の床面積の合計が150㎡以下の自動車修理工場は、準住居地域以外の住居地域・住居専用地域で建築禁止。

⑦小・中・高校は工業地域・工業専用地域のみ建築禁止。大学・高専は第一種・第二種低層住居専用地域・田園住居地域も禁止。

⑧映画館を建築できるのは、近隣商業地域・商業地域・準工業地域。客席部分の床面積の合計が200㎡未満なら、準住居地域にも建築できる。

⑨カラオケボックスは、第一種住居地域でも建築禁止。

⑩二種中高層住居専用地域は、ホテル・旅館の建築禁止。

⑪料理店を建築できるのは、商業地域と準工業地域のみ。

⑫特定行政庁の許可があれば、第一種低層住居専用地域にも飲食店を建築できる。

⑬田園住居地域の農地の区域内での土地の形質変更や建築物の建築などには、原則として市町村長の許可が必要。

29 建築基準法による規制(2)

一夜づけ 容積率の限度の異なる地域に及ぶ場合、面積比により容積率の限度を算出する。

1 建ぺい率

①建ぺい率とは、敷地内の建築物の建築面積（複数の建物があれば、建築面積の合計）を**敷地面積**で割った値をいう。

②用途地域の指定のない区域の建ぺい率の上限値は、特定行政庁が**都道府県都市計画審議会**の議を経て定める。

③防火地域内の**耐火建築物**等、準防火地域内の耐火建築物等または準耐火建築物等は、建ぺい率の限度が10%アップ。ただし、建ぺい率の限度80%の防火地域内にある**耐火建築物**等は、建ぺい率制限は適用されない。

④街区の角の敷地（角地）やこれに準ずる敷地内の建築物は、**特定行政庁**の指定で、建ぺい率の限度が10%アップ。

2 容積率

⑤容積率とは、建築物の**延べ面積**（各階の床面積の合計）を敷地面積で割った値をいう。

⑥容積率の制限のある建物の**前面道路**の幅員（複数あれば、最大の幅員）が12 m未満の場合、容積率は、その幅員の値に一定の数値を乗じた値以下でなければならない。

⑦天井が地盤面から1 m以下の**地下室**の住宅部分の床面積は、その建築物の住宅部分の床面積合計の3分の1を限度として、延べ面積に算入しない。**老人ホーム**も同じ。

⑧共同住宅または老人ホーム等の共用の**廊下**・階段部分の床面積は、延べ面積に算入しない。

⑨容積率の限度の異なる地域に及ぶ場合、各地域に属する**面積比**に応じた按分計算により、容積率の限度を算出。建ぺい率も同様。

30 建築基準法による規制(3)

一夜づけ 幅員が４m未満であっても、建築基準法上の道路とされるものがある。

1 建築物の敷地面積

①用途地域に関する都市計画で定めることのできる建築物の敷地面積の最低限度は、200㎡を超えてはならない。

2 敷地と道路

②都市計画区域及び準都市計画区域の建築物の敷地は、道路に２m以上接しなければならないのが原則。

③建築基準法上の道路とは、道路法等による道路であって、幅員が原則として４m以上のものをいう。

④建築基準法が適用されるに至った際、現に建築物が立ち並んでいる幅員４m未満の道で、特定行政庁（市町村長・都道府県知事）指定のものも、道路とみなされる。

⑤地方公共団体は、延べ面積が1,000㎡を超える建築物の敷地が接する必要のある道路の幅員について、条例で、避難または通行の安全のために必要な制限を付加できる。

⑥私道の変更・廃止によって、敷地が道路に接する義務に抵触することになる場合、特定行政庁は、その私道の変更・廃止を禁止または制限できる。

3 道路内の建築制限

⑦建築物は、道路内に、または道路に突き出して建築してはならないのが原則。

⑧公衆便所、巡査派出所その他これらに類する公益上必要な建築物で、特定行政庁が通行上支障がないと認めて建築審査会の同意を得て許可したものは、道路内に、または道路に突き出して建築できる。

⑨地盤面下に設ける建築物は、道路内に建築できる。

31 建築基準法による規制(4)

一夜づけ 低層住居専用地域は、隣地斜線制限を受けないが、北側斜線制限を受ける。

1 高さ制限

①第一種・第二種**低層住居専用地域**及び田園住居地域内の建築物は、都市計画で定めた高さの限度(10 mまたは12 mのいずれか)を超えてはならないのが原則。

②**高度地区**内の建築物の高さは、都市計画で定められた内容に適合するものでなければならない。

2 斜線制限

③都市計画区域及び準都市計画区域の建築物の各部分の高さは、**前面道路**の反対側の境界線までの水平距離に応じて制限される(道路斜線制限)。

④第一種・第二種**低層住居専用地域**及び田園住居地域の建築物は、隣地境界線までの水平距離に応じた高さ制限(隣地斜線制限)を受けない。

⑤建築物が第一種・第二種低層住居専用地域、田園住居地域、日影規制の対象区域以外の第一種・第二種中高層住居専用地域にある場合、その部分の高さは、前面道路の反対側の境界線または隣地境界線までの**真北方向**の水平距離に応じて制限される(北側斜線制限)。

⑥**特定街区**内の建築物には、斜線制限は適用されない。

3 日影規制

⑦建築物の日影が敷地外に一定時間以上生じないようにする**日影規制**の対象区域は、地方公共団体が条例で指定。

⑧**商業地域**・工業地域・工業専用地域は、規制の対象外。

⑨対象区域外でも、高さが10 mを超え、**冬至日**に対象区域内の土地に日影を生じさせる建築物は、規制を受ける。

32 建築基準法による規制(5)

一夜づけ 防火地域と準防火地域の双方に及ぶ場合は、防火地域の規定を適用するのが原則。

第2編 宅地建物の法規制

1 防火地域・準防火地域

①防火地域内の建築物の屋上に看板等を設ける場合、主要部分を**不燃材料**で造り、または覆わなければならない。防火地域内にある高さ3mを超える看板等も同じ。

②防火地域または準防火地域にある建築物は、その外壁の開口部で延焼のおそれのある部分に防火戸その他の政令で定める**防火設備**を設けなければならない。

③防火地域または準防火地域内にある**耐火構造**の外壁の建築物については、外壁を隣地境界線に接して設けることができる。

④建築物が防火地域及び準防火地域に及ぶ場合、全部について**防火地域**の規定を適用する。ただし、防火地域外において防火壁で区画されている場合、その防火壁外の部分には、準防火地域の規定を適用する。

2 個々の敷地の規制

⑤建築物の敷地は、これに接する**道の境**より高くなければならず、建築物の地盤面は、これに接する周囲の土地より高くなければならないのが原則である。

⑥建築物の敷地には、雨水や汚水を排出または処理するため、適当な**下水管**、下水溝、ためます等の施設を設けなければならない。

⑦特定行政庁の指定する建築確認の必要な特殊建築物などの所有者は、定期に一般建築士等に建築物の**敷地**、構造及び建築設備の状況を調査させ、結果を特定行政庁に報告しなければならない。

33 建築基準法による規制(6)

一夜づけ 高さ20 m超なら避雷設備が必要。高さ31 m超なら非常用昇降機が必要。

1 個々の建築物の規制

①地階を含む階数が2以上または延べ面積が200 m²を超える木造以外の建築物には、**構造計算**が必要である。

②延べ面積1,000 m²超の建築物は、耐火建築物・準耐火建築物等を除き、防火上有効な構造の**防火壁**または防火床で区画し、各区画の床面積を1,000 m²以内とする必要がある。

③高さ31 mを超える建築物には、原則として**非常用**の昇降機を設けなければならない。

④高さ20 mを超える建築物には、原則として**避雷設備**を設けなければならない。

⑤住宅の居室には、**採光**のため、居室の床面積に対して**5**分の**1**から**10**分の**1**までの間で居室の種類に応じた一定割合以上の面積の開口部を設けなければならない。

⑥居室の**天井**の高さは、2.1 m以上でなければならない。高さの異なる部分がある場合は、平均が2.1 m以上。

⑦住宅の居室に換気のための**開口部**を設け、換気に有効な面積を居室の床面積の20分の1以上とする必要がある。

⑧**地階**に設ける住宅の居室は、衛生上必要な技術的基準に適合するものでなければならない。

⑨長屋または共同住宅の各戸の界壁(かいへき)は、一定の場合を除き、**小屋根**または**天井裏**に達せしめなければならない。

⑩**便所**には、直接外気に接する窓が必要。ただし、水洗便所で、これに代わる設備をした場合は不要。

⑪下水道法の処理区域内の便所は、汚水管が公共下水道に連結された**水洗便所**としなければならない。

34 建築基準法による規制(7)

一夜づけ 用途部分の床面積の合計が 200 ㎡を超える共同住宅の増築には、建築確認が必要。

1 建築協定

①特定行政庁の認可を受け、その旨公告されると、建築協定は効力を生じ、公告日以後に建築協定区域内の土地の所有者・**借地権者**になった者に対しても、効力が及ぶ。

②建築協定の**変更**には区域内の土地所有者及び借地権者の全員の合意が必要であり、廃止には過半数の合意が必要。また、いずれにも、特定行政庁の認可が必要。

2 建築確認

③共同住宅・自動車車庫・飲食店等の特殊建築物で、用途部分の床面積の合計が 200 ㎡を超えるものの建築、大規模な修繕・模様替には、**建築確認**が必要。建築には、新築だけでなく、増築・改築・移転も含まれる。

④地階を含む階数が３以上の**木造建築物**の建築、大規模な修繕・模様替には、建築確認が必要。延べ面積が 500 ㎡超、高さが 13 m超または軒の高さが９m超のいずれかに当たる木造建築物も同じ。

⑤地階を含む階数が２以上または延べ面積が 200 ㎡を超える木造以外の建築物の建築、**大規模な修繕**・模様替にも、建築確認が必要。

⑥防火地域・準防火地域内では、建築物の用途・構造・規模に関係なく、**建築確認**が必要となる。

⑦特殊建築物への**用途変更**であって、用途部分の床面積の合計が 200 ㎡を超える場合も、建築確認が必要。

⑧防火地域及び準防火地域外の建築物は、**床面積**の合計が 10 ㎡以内の増築・改築・移転であれば、建築確認不要。

35 建築基準法による規制(8)

一夜づけ 建築確認が必要な場合、確認済証の交付後でなければ、工事を開始できない。

1 建物の建築手続

①床面積の合計が10㎡を超える建築物を建築する場合、建築主は、建築主事を経由して都道府県知事に届け出なければならない。

②3階建ての木造建築物など建築確認が必要な場合、建築主は、工事着手前に建築主事または指定確認検査機関の確認を受け、確認済証の交付を受けなければならない。

③確認済証の交付後でなければ、工事を開始できない。

④建築主事・指定確認検査機関は、建築物の工事施工地または所在地を管轄する消防長または消防署長の同意を得ないと、確認できないのが原則。

⑤確認済証を交付した指定確認検査機関は、確認審査報告書を作成し、特定行政庁に提出しなければならない。

⑥建築確認を受けた工事の施工者は、工事現場の見やすい場所に、建築主等の氏名・名称、建築確認があった旨を表示しなければならない。

2 建築物の検査

⑦確認を受けた工事が完了した場合、建築主は、指定確認検査機関による検査の引受けがない限り、4日以内に建築主事に検査を申請しなければならないのが原則。

⑧申請を受理した建築主事は、7日以内に検査し、建築基準関係規定に適合していれば、検査済証を交付する。

⑨建築確認を受けて新築された特殊建築物・大規模建築物は、検査済証の交付後でなければ、使用できない。ただし、特定行政庁が仮使用を承認したときは別。

36 宅地造成等規制法による規制(1)

一夜づけ 宅地造成等工事規制区域内の宅地造成工事は、原則として知事等の許可が必要。

1 宅地造成等工事規制区域内の工事

①**宅地造成**とは、宅地以外の土地を宅地にするため、高さ2m超の崖ができる切土、高さ1m超の崖ができる盛土、高さ2m超の盛土、面積が500㎡超の切土または盛土などの土地の形質の変更をいう。

②都道府県知事（指定都市等なら、その長）は、宅地造成等に伴い**災害**が生ずるおそれの大きい市街地等を宅地造成等工事規制区域に指定できる。

③宅地造成等工事規制区域内の宅地造成、特定盛土等（崖の高さ等の基準は「宅地造成」と同じ）、土石の堆積（高さ2m超または面積500㎡超）を行おうとする場合は、原則として着手前に**都道府県知事**（指定都市等なら、その長）の許可が必要。許可・不許可は文書で通知される。

④偽りなどの不正手段によって受けた許可は、**取り消す**ことができる。付された条件に違反した場合も同じ。

⑤宅地造成等工事が完了した場合、都道府県知事（指定都市等なら、その長）の検査を受ける必要がある。工事が技術的水準に適合していれば、都道府県知事は**検査済証**を交付する。適合していなければ、宅地の使用禁止・制限などを命ずることができる。

2 宅地造成等工事規制区域内の宅地の保全

⑥宅地造成等工事規制区域内の宅地の**所有者**・管理者・占有者は、宅地造成等に伴う災害が生じないよう、宅地を常時安全な状態に維持するように努めなければならない。

37 宅地造成等規制法による規制(2)

一夜づけ 造成宅地防災区域を宅地造成工事規制区域内に指定することはできない。

1 宅地造成等工事規制区域内の勧告・命令

①都道府県知事(指定都市等なら、その長)は、宅地造成等工事規制区域内の宅地の所有者・管理者・占有者・工事主・工事施行者に対し、擁壁の設置等の宅地造成に伴う災害防止に必要な措置を勧告できる。

②宅地造成に伴う災害発生のおそれが大きいと認められる場合、都道府県知事等は、一定の限度で、宅地造成等工事規制区域内の宅地または擁壁等の所有者・管理者・占有者に対し、擁壁の設置等の工事を命ずることができる。

2 造成宅地防災区域・特定盛土等規制区域

③都道府県知事(指定都市等なら、その長)は、宅地造成または特定盛土等に伴い相当数の居住者等に危害の及ぶ災害発生のおそれが大きい一団の造成宅地で、一定の基準に該当する区域を造成宅地防災区域に指定できる。ただし、宅地造成等工事規制区域内には指定できない。

④災害防止のため必要がある場合は、都道府県知事等は、造成宅地防災区域内の造成宅地の所有者・管理者・占有者に対して擁壁等の設置等の措置を勧告できる。

⑤都道府県知事等は、自然的・社会的条件から見て、特定盛土等または土石の堆積が行われ、災害により市街地等の居住者その他の者の生命・身体に危害を生ずるおそれが特に大きいと認められる区域を特定盛土等規制区域として指定できる。

⑥特定盛土等規制区域内で特定盛土等または土石の堆積を行おうとする場合、都道府県知事等の許可が必要。

38 基本原則と権利・意思・行為能力

一夜づけ 意思能力のない者の意思表示は、無効であり、当初から当然に効力がない。

1 基本原則

①信義誠実の原則（信義則）は、権利の行使や義務の履行の根本原則であり、また、契約の解釈基準にもなる。

②外形上は権利の行使であっても、本来の目的内容を逸脱し、公共の福祉に反する行為は、権利の濫用として禁止され、本来認められる効果が発生しない。

2 権利能力

③自然人は、出生時に、当然に、かつ、誰もが平等に権利能力（権利義務の主体になる資格）を取得する。

④会社などの法人は、法が権利能力を認めた団体等であるから、自身の名で取引ができ、取得した財産は法人自体に帰属する。登記も法人名でできる。

⑤権利能力なき社団は、権利義務の主体になれない。資産は、社団の構成員に総有的に帰属する。登記も、社団名や代表者を示す肩書き付きの個人名ではできない。

3 意思能力

⑥意思表示を行うには、意思能力（意思表示の結果を理解できる精神能力）が必要であり、意思能力のない者の意思表示は、無効とされている。

⑦２～３歳の幼児や泥酔者には意思能力がないから、その意思表示は無効であり、当初から当然に効力がない。

4 行為能力

⑧行為能力とは、１人で完全に有効な法律行為（契約など）を行うことのできる資格・地位をいう。１人で完全に有効な法律行為をするには、行為能力が必要である。

39 制限行為能力者(1)

一夜づけ　成年被後見人の法律行為は、成年後見人の同意を得ていても取り消すことができる。

1 未成年者

①未成年者(18歳未満の者)が契約等の法律行為を行うには、原則として法定代理人(通常は父母)の同意が必要であり、自己の土地を売却するにも、その同意が必要。

②単に権利を得または義務を免れるだけの行為は、法定代理人の同意不要。法定代理人が許した財産の処分・特定の営業に関する行為も、同意不要。

③未成年者が法定代理人の同意を要する行為を単独で行った場合、その行為を取り消すことができる。未成年者本人も取り消せる。取消しに法定代理人の同意は不要。

④取り消すことのできる行為も、一応有効である。取り消すと、その行為は、当初から無効だったことになる。

⑤婚姻は、18歳にならなければ、することができない。

2 成年被後見人

⑥成年被後見人の財産に関する法律行為は、成年後見人が代わって行う。ただし、居住用の建物・その敷地の売却・賃貸・抵当権の設定等は、家庭裁判所の許可が必要。

⑦成年被後見人が行った法律行為は取り消すことができる。事理弁識能力のある状態で行われても、事前に成年後見人の同意を得ていても、取り消すことができる。

⑧成年被後見人本人も、取消権があり、意思能力があれば、取り消すことができる。

⑨日用品の購入などの日常生活に関する行為については、成年被後見人が単独で行うことができる。

40 制限行為能力者(2)

一夜づけ 補助開始の審判をするには、本人の請求または本人の同意が必要である。

1 被保佐人

①被保佐人が不動産の売買・保証・贈与の申込みの拒絶などをするには、保佐人の同意が必要である。

②保佐人の同意を要する行為を、同意も、それに代わる家庭裁判所の許可も得ずに、被保佐人が行った場合、その行為を取り消すことができる。

③日用品の購入などの日常生活に関する行為については、保佐人の同意などは不要である。

2 被補助人

④本人以外の者の請求により補助開始の審判をするには、本人の同意が必要である。

⑤家庭裁判所の審判により、被補助人の特定の行為について補助人の同意が必要とすることができる。この審判には、被補助人の請求または同意が必要である。

⑥補助人の同意を要する行為を、同意も、それに代わる家庭裁判所の許可も得ずに、被補助人が行った場合、その行為を取り消すことができる。

3 詐　術

⑦制限行為能力者が行為能力があると相手方をだましたり、同意権者の同意を得ていると相手方をだましたりした場合には、その行為を取り消すことはできない。

⑧制限行為能力者であることを黙っているにすぎない場合は、詐術に当たらない。しかし、他の言動と相俟って行為能力者と誤信させ、または誤信を強めた場合は、詐術に当たり、取り消すことができなくなる。

41 意思表示(1)

一夜づけ 単なる債権者は、第三者ではないが、差押えをすると、第三者になる。

1 心裡留保

①心裡留保(表意者が真意でないことを知りながら行う意思表示)は原則として有効だが、相手方が表意者の真意を知り、または知ることができたときは、無効である。ただし、その無効は、善意の第三者に対抗できない。

2 虚偽表示

②仮装譲渡などの虚偽表示(相手方と通じて行う真意でない意思表示)は無効だが、善意の第三者に対しては無効を主張できない。

③善意とは、虚偽表示であることを知らないことをいう。過失があってもよい。また、登記なども不要。

④善意か否かは、第三者たる地位を取得した時点で判断する。一旦、善意の第三者が登場すれば、虚偽表示は有効なものと確定し、その後は、悪意の者も保護される。

⑤第三者とは、当事者及びその一般承継人(相続人など)以外の者であって、権利者らしい外観を持つ者と新たな関係を作り、独立した利益を持つようになった者をいう。

⑥仮装譲渡された土地を買った者は、第三者である。また、転得者も第三者である。

⑦仮装譲渡された土地に抵当権の設定を受けた者や、仮装の抵当権者から転抵当権の設定を受けた者は、第三者である。

⑧仮装債権の譲受人は、第三者である。

⑨土地の仮装譲受人に金銭を貸し付けただけの債権者は、第三者ではない。しかし、その債権者が仮装譲渡された土地を差し押さえると、第三者になる。

42 意思表示(2)

一夜づけ　重要な錯誤がある場合だけ、意思表示を取り消すことができる。

1 錯　誤

①錯誤とは、表示から推測される意思と真実の意思が食い違っているのに、表意者がそれに気づいていないことをいう。

2 錯誤による意思表示

②法律行為の目的や取引上の社会通念に照らして重要な錯誤により、表示に対応する意思を欠く意思表示は、取り消すことができる。

③法律行為の基礎とした事情が表示されていれば、その事情についての認識(動機)が、重要な錯誤により真実に反する場合も、意思表示を取り消すことができる。表示は、明示的なものに限定されない。黙示的なものでもよい。

④重要な錯誤があっても、それが表意者の重大な過失による場合は、原則として取り消すことができない。

⑤表意者に重大な過失があっても、相手方が表意者の錯誤を知り、または重大な過失によって知らなかったときは、取り消すことができる。

⑥表意者に重大な過失があっても、相手方が表意者と同一の錯誤に陥っていたときは、取り消すことができる。

⑦錯誤による意思表示の取消しは、善意無過失の第三者には対抗できない。

3 公序良俗違反

⑧公の秩序または善良の風俗(公序良俗)に反する法律行為は、無効であり、これを善意の第三者にも対抗できる。

43 意思表示(3)

一夜づけ 詐欺は善意無過失の第三者が保護されるが、強迫は保護されない。

1 詐欺による意思表示

①詐欺による意思表示とは、騙されて勘違いをしたまま行った意思表示をいう。

②詐欺による意思表示も一応有効。しかし、詐欺という違法な手段が用いられているため、取り消すことができる。

③詐欺を行ったのが第三者の場合は、相手方が詐欺の事実を知りまたは知ることができたとき（悪意または善意有過失のとき）にのみ、取り消すことができる。

④詐欺による意思表示を取り消す前に善意無過失の第三者が現われた場合、その者に対しては、取消しを主張できない。

⑤第三者は、善意無過失であれば保護され、登記を得ている必要はない。

2 強迫による意思表示

⑥強迫による意思表示とは、強迫されて怖くなり、やむを得ず行った意思表示をいう。

⑦強迫による意思表示は、取り消すことができる。

⑧強迫による意思表示は、取消前に出現した善意無過失の第三者に対しても、取消しを主張できる。

⑨強迫を行ったのが第三者の場合、相手方が善意無過失であっても、取り消すことができる。

⑩強迫によって完全に意思の自由が奪われた場合には、意思表示は無効である。

44 意思表示(4)

一夜づけ 追認できる時から5年経過していなくても行為時から20年経てば取消権は消滅する。

1 制限行為能力を理由とする取消し

①制限行為能力を理由とする取消しは、善意の第三者にも対抗できる。

2 意思表示の効力発生時期

②意思表示は、その通知が相手方に到達した時からその効力を生ずる。

③相手方が正当な理由なく意思表示が到達することを妨げたときは、その通知は、通常到達すべきだった時に到達したものとみなされる。

3 無効と取消し

④取消原因となった状況の消滅後に、取り消すことができることを知ったうえで、取消権者が追認すると、意思表示は、最初から有効だったことになる。

⑤単独で追認できる者が、追認することができる時以後に、取り消すつもりがないと思われるような行為(例契約の履行)をしたときは、追認したものとみなされる。

⑥意思表示が無効とされた場合、契約の両当事者は、受領したものを返還するなどして、相手方を原状に復させる義務を負う。

⑦取消権は、追認できる時から5年以内、かつ行為の時から20年以内に行使しなければならない。

⑧虚偽表示・心裡留保による無効の場合、第三者は過失があっても善意であれば保護されるが、錯誤・詐欺を理由とする取消しの場合、第三者は善意無過失でなければ保護されない。

45 時　効

一夜づけ 占有開始時に善意無過失かどうかで、取得時効成立のための占有期間が決まる。

1 取得時効

①20年間、所有の意思をもって、平穏かつ公然と他人の物を占有し続けると、その物の所有権を時効取得できる。占有開始時に善意無過失なら、10年の占有でよい。

②占有を引き継いだ者は、自身の占有だけを主張してもよいし、前の占有者の占有期間を合算してもよい。ただし、合算する場合は、不利な事情も引き継ぐ。

2 消滅時効

③債権は、債権者が権利を行使できることを知った時から5年間、または権利を行使できる時から10年間行使しないときは、時効によって消滅する。

④確定判決または確定判決と同一の効力を有するものによって確定した権利は、10年より短い時効期間の定めがあるものも、10年の時効期間となる。

3 時効の援用と放棄

⑤当事者が援用した時効の効力は、起算日に遡る。

⑥時効完成前に時効の利益を放棄することはできない。

4 時効の完成猶予と更新

⑦裁判上の請求をすると、裁判確定まで時効は完成が猶予され、勝訴判決の確定時から新たに時効が進行する。

⑧裁判外の催告も、6か月間は時効の完成が猶予される。

⑨債務者が債務の存在を承認した場合、時効が更新され、その時から新たに時効が進行を始める。

⑩債務者が消滅時効の完成を知らずに債務の一部弁済などをした後に時効を援用することは、信義則上許されない。

46 債　権（1）

一夜づけ　受領権限の外観がある者への弁済でも、過失がある場合は無効な弁済となる。

1 弁　済

①弁済（債権の実現）によって、債権は消滅するのが原則。

②弁済は、債権者または受領権限のある者に対して行うのが原則。

③受領権者ではないが、取引上の社会通念に照らして受領権者としての外観を有する者に対して、善意無過失で行った弁済は有効である。

④弁済者は、受取証書（領収書）と引換えにしか弁済をしないと主張できる。

2 第三者の弁済

⑤債務の性質上許されない場合、または当事者が禁止・制限した場合を除き、債務者以外の第三者も弁済できる。

⑥弁済する正当な利益のない第三者は、債務者または債権者の意思に反して弁済できないのが原則である。

⑦親子・兄弟というだけでは、正当な利益はない。借地上の建物の賃借人には、借地の地代を弁済する正当な利益がある。

⑧有効な弁済をした第三者は、債務者に求償できる。

⑨債務者のために弁済した者は、債権者に代位し、債権の効力及び担保として債権者が有していた一切の権利を、求償権の範囲内で行使できる。

⑩弁済をする正当な利益がない者が債権者に代位するには、債権譲渡と同様の対抗要件が必要となる。保証人には「正当な利益」がある。

第3編　権利に関する基礎知識

47 債権（2）

一夜づけ 生命・身体の侵害による損害賠償債権を、被害者の側から相殺することはできる。

1 代物弁済

①例えば、10万円の借金のある人が、貸主（債権者）の承諾を得て、10万円の現金の代わりにパソコンを引き渡すと、その借金は帳消しになる。これを**代物弁済**という。

2 相　殺

②**相殺**とは、自己の債権（自働債権）と相打ちにする形で自己の債務（受働債権）を同じ額だけ消滅させること。

③**受働債権**が差し押さえられた場合、差押後に自働債権を取得しても、相殺はできない。逆に、差押前に自働債権を取得していれば、自働債権と受働債権との弁済期の前後を問わず、相殺できる。

④相殺適状後に、**自働債権**が時効消滅しても、その債権で相殺できる。

⑤**自働債権**の弁済期が到来すれば、受働債権の弁済期が到来していなくても、相殺できる。

⑥**悪意**の不法行為による損害賠償請求権を受働債権とする相殺（加害者からの相殺）は、禁止されている。

⑦人の**生命**・身体の侵害による損害賠償請求権を受働債権とする相殺も、禁止されている。

3 供　託

⑧債権者が弁済の受領を拒んだ場合・弁済を受領できない場合・過失なく債権者を確知できない場合、弁済の目的物を**供託**できる。

⑨**弁済**できる者が供託をすると、債権は消滅する。

48 債権譲渡

一夜づけ いずれも対抗要件を備えた場合、通知の到達日時・承諾日時の先後で優劣を決定。

1 債権譲渡

①将来発生する債権の**譲渡**も、原則として有効。

②**譲渡制限特約**があっても、債権譲渡は有効である。

③譲渡制限特約を知り、または知らないことに重過失のある譲受人も、債権を取得できる。しかし、債務者は、**履行を拒絶**し、**譲渡人に弁済**できる。

2 債権譲渡の対抗要件

④譲渡後に譲渡人が債務者に譲渡を**通知**すると、譲受人は、債務者に対して自分が債権者であると主張できる。債務者が譲渡を承諾した場合も同じ。

⑤債権譲渡の通知は、**譲渡人**が行う必要があり、譲受人が譲渡人に代位して通知することはできない。

⑥通知または承諾を**確定日付**のある証書で行うと、第三者に対しても債権譲渡を主張できる。

⑦債権が二重に譲渡され、いずれも、第三者に対する対抗要件を備えた場合、通知の**到達日時**または承諾日時の先後によって優劣を決定する。

⑧通知が同時に到達した場合には、**各譲受人**が譲受債権全額の弁済を債務者に請求できる。

3 譲渡通知の到達前に発生した事由

⑨債権譲渡の対抗要件具備前に発生した事由であれば、債務者は、それを**譲受人**にも主張できる。

⑩債権譲渡の対抗要件具備前に自働債権を取得していれば、債務者は、譲受人に**相殺**を主張できる。

49 債権の履行確保(1)

一夜づけ　主たる債務者に対して履行を請求すれば、保証人にも請求したことになる。

1 保証債務

①保証債務は、債権者と保証人との保証契約によって成立する。主たる債務者の委託がなくても、成立する。

②保証契約は、書面または電磁的記録でしないと、効力を生じない。

③主たる債務がなければ、保証債務は成立しない。また、主たる債務が消滅すれば、保証債務も消滅する。

④主たる債務者に生じた事由は、主たる債務を後から重くした場合を除き、保証人にも効力が及ぶ。

⑤主たる債務の消滅時効が完成した場合、保証人は、それを援用し、保証債務も消滅したと主張できる。

⑥保証人は、債権者に対して、先に主たる債務者に催告しろと言える（催告の抗弁権）。また、先に主たる債務者の財産に執行しろと言える（検索の抗弁権）。

⑦弁済をした保証人は、主たる債務者に求償できる。ただし、保証人が弁済をする場合、事前及び事後に主たる債務者に通知する必要がある。

2 共同保証

⑧同一の主たる債務について複数の人が保証債務を負うことを共同保証という。

⑨共同保証人は、原則として平等な割合で分割された額についてのみ保証債務を負う（分別の利益）。

⑩共同保証人の１人が弁済した場合、主たる債務者だけでなく、他の共同保証人に対しても求償できる。

50 債権の履行確保(2)

一夜づけ 連帯保証人には、催告の抗弁権・検索の抗弁権・分別の利益がない。

1 連帯保証

①連帯保証とは、保証人が主たる債務者と連帯して債務を負担することに合意した保証である。連帯保証人には、分別の利益がない。

②連帯保証人には、催告の抗弁権や検索の抗弁権がない。

③連帯保証人に対する請求の効力は、主たる債務者には及ばない。

2 個人根保証

④個人根保証とは、一定の範囲に属する不特定の債務を主たる債務とする保証契約であって、保証人が個人であるものをいう。

⑤個人根保証契約は、保証人が負担する限度額である極度額を定めなければ、効力を生じない。

3 事業に係る債務についての保証

⑥事業に係る債務についての保証とは、事業のために負担した貸金等債務を主たる債務とする保証契約、または主たる債務の範囲に事業のために負担する貸金等債務が含まれる根保証契約をいう。

⑦事業に係る債務の保証人が個人である場合には、保証契約の締結に先立って、保証人となろうとする者が、その締結前1か月以内に作成された公正証書で保証債務を履行する意思を表示していなければ、保証契約は効力を生じない。

51 債権の履行確保(3)

一夜づけ 連帯債務者の１人に弁済・相殺・更改・混同があると、他の債務者にも影響する。

1 連帯債務

①連帯債務者全員が全額の支払義務を負うが、誰かが全額を支払うと、全員の債務が消滅する。

②連帯債務者の１人について生じた事由は、他の債務者に影響しないのが原則である。連帯債務の１つが無効でも、他の債務には影響しない。

③債権者は、連帯債務者の１人に対し、または、同時にもしくは順次にすべての連帯債務者に対し、全部または一部の履行を請求することができる。

④債権者が連帯債務者の１人に対して履行を請求しても、他の連帯債務者には効力が及ばない。

⑤反対債権を持つ連帯債務者が相殺をすれば、他の連帯債務者の債務も消滅する。相殺しない場合、その連帯債務者の負担部分の限度で、他の連帯債務者は債務の履行を拒める。

⑥連帯債務者の１人の債務が免除されたり、消滅時効が完成しても、他の連帯債務者には効力が及ばない。

⑦連帯債務者の１人と債権者との間に更改（新たな債務を成立させて従来の債務を消滅させる契約）が生じたときは、債権は、すべての連帯債務者の利益のために消滅する。

⑧連帯債務者の１人と債権者の間に混同（債権者と債務者が同一人になること）が生じると、その連帯債務者は弁済したとみなされ、他の連帯債務者の債務も消滅する。

⑨自己の負担部分以下の弁済でも、弁済者は、他の連帯債務者に対して各自の負担部分に応じて求償できる。

52 債務不履行(1)

一夜づけ　金銭債務の履行が遅れた場合、債権額に一定の利率を掛けた額の賠償を請求できる。

1 債務不履行

①債務不履行とは、債務の本旨（本来の趣旨）に従った履行をしないことをいう。履行遅滞（履行が遅れること）や履行不能（履行できない状態になること）などがある。

②不動産が二重に譲渡され、一方の譲受人に所有権の移転登記がなされた場合、他方の譲受人に対する譲渡人の債務は、履行不能になる。

2 債務不履行による損害賠償

③債務者の帰責事由による債務不履行があり、それを正当化できない場合、債務者は、損害賠償責任を負う。

④履行遅滞なら遅延賠償を、履行不能なら塡補賠償（てんぽばいしょう）（本来の給付に代わる価額の賠償）をしなければならない。

⑤賠償が必要なのは、債務不履行によって通常生じる損害（通常損害）と、債務不履行時に債務者が予見すべきだった特別の事情によって生じた損害（特別損害）である。

⑥損害の発生や拡大に関して債権者にも落ち度があった場合、必ず過失相殺が行われる。

⑦一定額の金銭を支払う金銭債務が履行遅滞になった場合、債権者はその事実を証明すれば損害賠償を請求できる。不可抗力でも、債務者は賠償しなければならない。

⑧金銭債務の遅延賠償額は、債権額に一定の利率（原則年3％）を掛けた額である。

⑨塡補賠償請求権の消滅時効は、本来の債務の履行を請求できる時から進行を開始する。

53 債務不履行(2)

一夜づけ　履行遅滞を理由に契約を解除するには、最後通牒たる催告が必要。

1 契約の解除

①債務者の帰責事由がなくても、帰責事由のない債権者は、債務者の債務不履行を理由として契約を解除できる。

②債務者に同時履行の抗弁権があっても、一度、履行(弁済)の提供を行い、同時履行の抗弁権を封じれば、解除できる。履行の提供を継続する必要はない。

③履行遅滞を理由に契約を解除するには、相当の期間を定めた催告を行う必要がある。

④不動産の売買契約の解除は、登記を得ている第三者に対抗できない。第三者の善意悪意は関係ない。

⑤債務不履行を理由に契約を解除しても、解除だけではカバーできない損害の賠償を請求できる。

2 弁済の提供

⑥弁済の提供をすると、債務不履行責任を免れる。また、相手方の同時履行の抗弁権を封じることができる。

⑦弁済の提供は現実に提供しなければならないのが原則。

⑧金銭を支払う債務に関して、個人振出しの小切手を持参しても、弁済の提供とならない。しかし、銀行振出しの小切手を持参すれば、弁済の提供となる。

⑨債務の履行について債権者の行為を要する場合には、弁済の準備をして受領を催告すれば、弁済の提供になる(口頭の提供)。

⑩債権者が予め受領を拒んでいた場合も、口頭の提供でよい。債権者の受領拒絶の意思が極めて固く、翻意の余地のない場合には、口頭の提供も不要。

54 契約(1)

一夜づけ　双務契約の2つの債務は、双方ともに有効に成立する場合にのみ成立する。

1 契約の成立

①契約は、両当事者の意思表示が合致すれば成立するのが原則だが、成立に目的物の**引渡し**が必要な契約もある。

②契約成立後はもちろん、契約締結の準備段階においても、**信義則**に従う必要があり、違反すると、損害を賠償しなければならない。

③当事者双方が相互に対価的な関係にある債務を負うことになる契約を**双務契約**という。売買契約が代表例。

④双務契約の一方の債務が当初から**履行不能**のため有効に成立しない場合、他方も有効に成立せず、契約は無効。

2 同時履行の抗弁権

⑤双務契約では、一方の債務が履行されない間は他方も履行しなくてよい。相手方が履行の提供をするまで自分の債務の履行を拒絶する権利を**同時履行の抗弁権**という。

⑥**同時履行の抗弁権**があれば、履行しなくても、債務不履行責任は発生しない。

3 危険負担

⑦当事者双方に帰責事由なく債務が履行不能になった場合、債権者は、反対給付の履行を**拒絶**できる。

⑧建物が引渡前に落雷により焼失した場合、買主は、**代金の支払**を拒める。しかし、焼失が引渡後なら、代金支払を拒絶できない。

⑨債権者の帰責事由により債務が履行不能になった場合、債権者は反対給付を拒絶できないが、債務者は、債務を免れたことによる利益を債権者に**償還**する必要がある。

55 契約 (2)

一夜づけ 使用貸借の目的達成に必要な期間が経過すると、貸主は目的物の返還を請求できる。

1 所有権を取得する契約

①無償で所有権を取得するのが贈与。所有権取得の対価が金銭であるのが売買、金銭以外の物であるのが交換。

②書面によらない贈与は、解除できる。ただし、動産の引渡しや不動産の登記または引渡しがなされ、履行が終わると、解除できなくなる。

③贈与を受ける者（受贈者）が何らかの負担を負う場合（負担付贈与）、受贈者がその負担を履行しないと、贈与者は契約を解除できる。

④贈与者は、目的物を特定した時の状態のまま贈与する意思であると推定される。そのため、目的物に瑕疵があっても、贈与者は責任を負わないのが原則である。

2 物を貸借する契約

⑤消費貸借・使用貸借・賃貸借が、物を貸借する契約。

⑥返還時期の定めがない消費貸借の貸主は、相当の期間を定めて返還を請求できる。

⑦使用貸借は、ただで物を貸す契約である。

⑧使用貸借の借主は、通常の必要費を負担する。また、目的物を無断で第三者に使用収益させてはならない。

⑨使用貸借の期間満了・目的の達成によって、使用貸借は終了する。目的未達成でも、目的達成に必要な期間が経過すると、貸主は契約を解除できる。

⑩返還時期も目的も定めのない使用貸借では、貸主は、いつでも目的物の返還を請求できる。

⑪使用貸借は、借主の死亡によって終了する。

56 契 約（3）

一夜づけ　委任契約は、いつでも、いずれの当事者からでも、解除できる。

1 他人の労務の利用する契約

①雇用・委任・請負・寄託が他人の労務を利用する契約。

②寄託は、物を保管する契約である。

③請負は、仕事の完成に対して報酬を払う契約である。

④請負の報酬は、仕事の目的物の引渡しと同時に支払われなければならないのが原則である。

⑤注文者の帰責事由によらずに仕事を完成できなくなった場合や、仕事の完成前に契約が解除された場合でも、すでにした仕事が可分であり、その給付によって注文者が利益を受けるときは、請負人は、注文者の利益の割合に応じて報酬を請求できる。

⑥仕事の目的物である建物に重大な瑕疵があり、建て替えざるを得ない場合、注文者は、請負人に対し、建替えに要する費用相当額を損害として賠償請求できる。

⑦仕事の完成前なら、注文者は、いつでも損害を賠償して請負契約を解除できる。

⑧委任は、信頼関係に基づき、事務処理を任せる契約。

⑨受任者は、委任の本旨に従い、善良な管理者の注意をもって事務を処理しなければならない。

⑩委任者も受任者も、いつでも自由に委任契約を解除できる。ただし、相手方に不利な時期であれば、やむを得ない場合を除き、損害賠償が必要である。

⑪委任者・受任者の死亡、破産手続開始の決定により、委任契約は終了する。ただし、終了の旨を通知するか、相手方が終了を知るまで義務を負う。

57 物　権（1）

一夜づけ　通行地役権を時効取得するには、自ら通路を開設しなければならない。

1 所 有 権

①隣地の竹木の根が浸入してきた場合は、自分で切除できるが、枝が浸入してきた場合は、竹木の所有者に切除させることができる。ただし、切除を催告したのに相当期間内に切除しないとき、竹木の所有者の所在がわからないとき、急迫の事情があるときは、自分で枝を切除できる。

②土地所有者は、障壁や建物の築造等に必要な範囲内で隣地を使用可能。住家への立入には居住者の承諾が必要。

③土地の所有者は、他の土地に設備を設置し、または他人所有の設備を使用しなければ電気・ガス・水道等の継続的給付を受けられないときは、必要な範囲内で他の土地に設備を設置し、または他人所有の設備を使用できる。

④他の土地に囲まれて公道に通じない土地（袋地）の所有者は、公道に出るために、償金を払って周囲の土地（囲繞地）を通行できる。

⑤袋地が共有地の分割によって生じた場合、通行できるのは分割の残余地のみ。ただし、償金を払う必要はない。

2 用益物権

⑥工作物または竹木を所有するために、他人の土地を使用する物権を地上権という。

⑦要役地（自分の土地）の便益のために、承役地（他人の土地）を利用する物権を地役権という。

⑧地役権は、継続的に行使され、かつ、外形上認識できるものであれば、時効取得できる。通行地役権を時効取得するには、自ら通路を開設しなければならない。

第3編　権利に関する基礎知識

58 物 権 (2)

一夜づけ　目的物が焼失した場合、抵当権者は、火災保険金請求権に物上代位できる。

1 担保物権

①**担保物権**は、債権の履行確保のために物の担保価値を把握する物権である。

②担保物権は、**被担保債権**(担保される債権)がなければ、存在せず、**被担保債権**が消滅すると、担保物権も消滅する(付従性)。

③**被担保債権**が移転すると、担保物権もそれに伴って移転する(随伴性)。

④担保物権は、被担保債権全部の弁済を受けるまで、目的物全部について**権利**を行使できる(不可分性)。

⑤先取特権・抵当権・質権は、目的物の売却・賃貸・滅失等により債務者が受け取る金銭等(例売却代金・賃料・火災保険金)にも効力が及ぶ。これを**物上代位性**という。留置権には物上代位性がない。

⑥物上代位する場合は、金銭等が払い渡される前に、担保権者自身が**差押え**をすることが必要である。

2 先取特権

⑦先取特権は、法律上当然に発生する**法定担保物権**であり、契約で発生させることはできない。

⑧債務者の総財産から優先弁済を受ける**一般先取特権**、特定の動産から優先弁済を受ける動産先取特権、特定の不動産から優先弁済を受ける不動産先取特権がある。

⑨**不動産保存**の先取特権と**不動産工事**の先取特権は、先に登記した抵当権があっても、優先して行使できる。

59 物　権（3）

一夜づけ　建物について費用を支出した賃借人は、その償還を受けるまで建物に居住できる。

1 留置権

①留置権は、法律上当然に成立する法定担保物権である。

②建物の賃借人が賃貸人に対して建物に付加した造作の買取を請求した場合、賃借人は、その代金の支払を受けるまで造作を留置できるが、建物の留置はできない。

③建物の賃借人は、建物について支出した費用の償還を受けるまで、建物を留置し、そこに居住できる。ただし、賃料相当額を支払う必要がある。

④賃貸借契約を解除された後に費用を支出しても、留置権は発生しない。

2 質権

⑤質権は、当事者の合意で成立する約定担保物権である。ただし、目的物の引渡しがないと効力を生じない。

⑥質権は、動産・不動産・財産権に設定できる。

⑦動産を目的物とする動産質は、目的物を占有し続けないと、第三者に対抗できない。

3 抵当権

⑧抵当権は、契約によって成立する約定担保物権である。

⑨抵当権の順位は、各抵当権者の合意で変更できる。ただし、利害関係人がいる場合、その承諾が必要である。また、登記をしないと、効力を生じない。

⑩抵当権設定後に抵当地に建物が建てられた場合、抵当権者は、土地と共に建物も競売できる。

⑪登記をした賃貸借は、優先する全ての抵当権者の同意を得、その同意を登記すれば、抵当権者に対抗できる。

60 物権（4）

一夜づけ　優先弁済権の行使が困難な場合、抵当権者は不法占拠者の排除を請求できる。

1 抵当権の処分

①抵当権を譲渡すると、譲渡人・譲受人双方の取り分から**譲受人**が優先弁済を受け、残りが譲渡人のものになる。抵当権の順位を後順位者に譲渡した場合も同じ。

②抵当権を放棄すると、放棄者･受益者双方の取り分を各々の債権額によって**比例分配**することになる。後順位者に対して抵当権の順位を放棄した場合も同じ。

2 抵当権の効力

③抵当権の効力は、目的物の**付加一体物**にも及ぶ。抵当権設定当時に存在した従物にも、効力が及ぶ。

④借地上の建物に設定された抵当権は、**借地権**（建物所有目的の賃借権・地上権）にも効力が及ぶ。

⑤交換価値の実現が妨げられ、優先弁済権の行使が困難な場合、抵当権者は不法占拠者の**排除**を請求できる。

⑥利息は、満期になった最後の**2年分**だけが担保される。

3 法定地上権

⑦法定地上権が成立するには、抵当権設定時に土地上に建物が存在しなければならない。**更地**では成立しない。

⑧土地と建物の**所有者**が同一でなければならないが、登記名義まで同一である必要はなく、また、後に所有者が変わってもよい。

⑨１番抵当権設定時には要件を満たさないが、２番抵当権設定時に満たす場合、**建物抵当**なら法定地上権が成立するが、土地抵当なら成立しない。ただし、競売前に１番抵当権が消滅すれば、土地抵当でも成立する。

第3編　権利に関する基礎知識

61 物　権 (5)

一夜づけ　元本確定前には、債権を譲渡しても、根抵当権は移転しない。

第3編　権利に関する基礎知識

1 抵当権の消滅

①抵当不動産の所有権を取得した者は、抵当権消滅請求ができる。ただし、主たる債務者・保証人等はできない。

②被担保債権が利息なども含め全額弁済されて消滅すると、抵当権も消滅する。

③被担保債権が時効消滅すると、抵当権も消滅する。

④債務者や抵当権設定者との関係では、抵当権だけが時効消滅することはない。

⑤抵当不動産の第三取得者や後順位抵当権者との関係では、抵当権は、20年の消滅時効にかかる。

⑥債務者・抵当権設定者でない者が、抵当不動産を時効取得すると、抵当権は消滅する。

2 根抵当権

⑦根抵当権とは、不特定の債権を極度額まで担保する抵当権。ただし、被担保債権の範囲の特定は必要である。

⑧元本確定前の根抵当権には、付従性がない。また、随伴性もなく、債権を譲渡しても、根抵当権は移転しない。

⑨元本確定前に極度額を変更するには、利害関係人の承諾が必要である。しかし、被担保債権の変更には不要。

⑩根抵当権は、極度額を限度として、元本確定時の利息だけでなく、元本確定後に発生する利息も担保する。

⑪根抵当権設定時から３年が経過すると、根抵当権設定者は、担保すべき元本の確定を請求できる。

⑫元本が確定し、極度額に余裕がある場合には、根抵当権設定者は、極度額の減額請求ができる。

62 共　有

一夜づけ　共有物に対する妨害排除請求は、各共有者が単独でできる。

1 持　分

①各共有者は、その持分を自由に譲渡できる。

②共有者の1人が持分を放棄すると、その持分は他の共有者に帰属し、他の共有者の持分が拡大する。

2 共有物の使用収益

③各共有者は、その持分に応じて、共有物全部を使用収益できる。

④共有物を使用する共有者は、他の共有者に対し、自己の持分を超える使用対価を償還する義務を負う。

⑤共有者は、共有物の使用にあたり善管注意義務を負う。

⑥共有物の変更（形状または効用の著しい変更を伴わないものを除く）には、共有者全員の同意が必要。共有物全体の売却も、全員の同意が必要。

⑦共有物の利用・改良行為は、持分価格の過半数で決する。土地5年・建物3年以下の賃貸借契約の締結は、利用・改良行為である。

⑧共有物の保存行為は、各共有者が単独で行うことができる。共有物に対する妨害排除請求は、単独でできる。

3 共有物の分割

⑨5年以内の期間であれば、不分割特約を締結できる。

⑩裁判による共有物の分割方法は、原則として現物分割または賠償分割（一共有者に債務を負担させ他の共有者の持分を取得させる方法）。現物・賠償分割ができないとき、または分割によって価格を著しく減少させるおそれがあるときは、共有物を競売して代金を分ける方法も可。

63 区分所有(1)

一夜づけ 規約に定めがある場合には、専有部分と敷地利用権を分離して処分できる。

1 専有部分と共用部分

①専有部分とは、**区分所有権**(1棟の建物の中の区分された部分を所有する権利)の目的となる部分をいう。

②**共用部分**とは、専有部分以外の部分で、区分所有者が共同で使う部分をいう。

③専有部分として使える部分を**規約**で共用部分にできる。

④階段など、構造上、区分所有者の共用に供されるべき建物の部分は、法律上当然に**共用部分**とされる(法定共用部分)。これを規約で専有部分とすることはできない。

⑤共用部分は、区分所有者全員の共有が原則である。持分は、専有部分の**床面積**(区画の内側線で囲まれた部分の水平投影面積)の割合によるのが原則である。

⑥**規約**で共用部分を特定の区分所有者の所有にできる。また、規約で共用部分を**管理者**の所有にもできる。

⑦専有部分と切り離して、共用部分の**持分**だけを処分することはできない。

2 敷地利用権

⑧区分所有建物の建っている土地を**法定敷地**という。

⑨規約で区分所有建物や法定敷地と一体として管理・使用する土地を**敷地**にできる。第三者の所有地でもよく、法定敷地に隣接していなくてもよい。

⑩**敷地利用権**とは、区分所有者が専有部分を所有するために敷地を利用する権利をいう。

⑪**専有部分**と敷地利用権は一緒に処分するのが原則であるが、規約に定めがあれば、両者を分離して処分できる。

64 区分所有(2)

一夜づけ 公正証書により規約を設定できるのは、当初から専有部分全部を所有する者だけ。

1 区分所有建物の管理

①管理組合は、区分所有者及び議決権の各4分の3以上の多数による集会の決議で法人となる旨・名称・事務所を定め、かつ、その主たる事務所の所在地において登記をすることによって法人となる。

②規約に別段の定めがない限り、区分所有者及び議決権の各過半数の賛成による集会の決議によって、管理者を選任・解任できる。

③管理者は、区分所有者を代理して、集会の決議や規約を実行する。管理者は、区分所有者でなくてもよい。

2 規　約

④規約は、区分所有者及び議決権の各4分の3以上の多数による集会の決議によって設定する。ただし、設定により特別の影響を受ける者がいれば、その承諾が必要。

⑤公正証書により、建物の共有部分を定める規約などを設定できるのは、最初（建物ができた時点）に建物の専有部分の全部を所有する者だけである。

⑥規約は、管理者が保管する。管理者がいない場合は、建物を使用している区分所有者またはその代理人で、規約または集会の決議で定める者が保管する。

⑦建物内の見やすい場所に規約の保管場所を掲示しなければならない。各区分所有者に通知する必要はない。

⑧利害関係人から規約の閲覧請求があった場合、正当な理由がない限り、拒むことはできない。

⑨規約の効力は、承継人・占有者などにも及ぶ。

65 区分所有(3)

一夜づけ 集会で決議できるのは、原則として予め招集通知で示した事項だけである。

1 集会の招集

①管理者は少なくとも毎年1回集会を**招集**する必要がある。区分所有者の5分の1以上で議決権の5分の1以上(規約で減らせる)ある者は、管理者に集会の招集を請求できる。

②**招集通知**は会日の1週間前(規約で伸縮できる)までに各区分所有者に発する必要がある。建替え決議が目的なら会日の2か月前(規約で伸長できる)までに発する。

③区分所有者全員の同意があれば、**招集手続**を経ないで集会を開くことができる。

2 集会の決議

④議長は**管理者**または集会を招集した区分所有者の1人。

⑤決議できるのは、予め**招集通知**で示した事項だけである。ただし、規約に定めがあれば、過半数で決められる未通知の事項も決議できる。

⑥共用部分の形状・効用の著しい**変更**には、区分所有者及び議決権の各4分の3以上の賛成による決議が必要。区分所有者の数は規約で過半数まで減らすことができる。

⑦区分所有者の承諾を得て専有部分を占有する者は、利害関係があれば、集会に出席して**意見**を述べることができる。しかし、議決権はない。

⑧区分所有者全員の承諾があれば、集会を開催せずに、書面または**電磁的方法**による決議ができる。

⑨集会の**決議**の効力は、その承継人・占有者にも及ぶ。

⑩書面の議事録には、議長と出席した区分所有者の2人が**署名**しなければならない。

66 物権変動(1)

一夜づけ 悪意の第三者に対しては登記が必要であるが、背信的悪意者に対しては登記不要。

1 不動産の物権変動

①物権は意思表示だけで変動（発生・変更・消滅）する。特約がなければ、売買契約成立時に買主に所有権が移転する。

2 不動産物権変動の対抗要件

②不動産の物権変動を第三者に主張するには、登記という対抗要件を備える必要がある。

③動産の物権変動は、その動産の引渡しがなければ、第三者に対抗できない。

④物権変動の当事者の地位にある者に対しては、登記がなくても、物権変動を主張できる。

⑤全くの無権利者・不法占拠者など、登記のないこと（欠缺）を主張する正当な利益のない者には、登記がなくても、不動産の物権変動を主張できる。

⑥詐欺・強迫によって登記の申請を妨げた者や、登記申請に協力する義務のある者に対しても、登記不要。

⑦単なる債権者に対しても、登記不要。しかし、賃借人に対しては、登記が必要である。

⑧賃貸不動産の譲受人が、対抗力のある賃借人に対して、自らが賃貸人であることを主張するにも、登記が必要。

⑨単なる悪意（物権変動を知っているだけ）の第三者に対しては、登記がないと、物権変動を主張できないが、背信的悪意者には、登記なしで物権変動を主張できる。

⑩背信的悪意者から不動産を譲り受けた転得者に対して物権変動を主張するには、転得者自身が背信的悪意者と評価されない限り、登記が必要である。

67 物権変動(2)

一夜づけ 解除後・取消後・時効取得後の第三者との関係は、登記の先後で決められる。

1 二重譲渡

①不動産が二重に譲渡された場合、一方が背信的悪意者でない限り、先に登記を備えた方が所有権を取得する。

2 契約の解除による権利の回復

②契約が解除されると、各当事者は原状回復義務を負い、契約前の状態に戻される。ただし、解除前に出現し登記を備えた第三者は、善意・悪意を問わず、保護される。

③契約の解除によって不動産の所有権を回復したことを、解除後に出現した第三者に主張するには、登記が必要。

3 取消しによる権利の回復

④取消前に出現した第三者との優劣関係は、詐欺・強迫などの規定により、第三者の善意・悪意・過失の有無などによって決められ、登記の有無は関係ない。

⑤取消後に出現した第三者との関係は、登記の先後で決せられ、第三者の善意・悪意は関係ない。

4 時効による権利の取得

⑥取得時効の進行中に不動産が売却されても、時効取得者は所有権を取得でき、登記なしで買主に対抗できる。

⑦取得時効の完成後に不動産が売却された場合、時効取得者と買主のいずれか先に登記を備えた方がその所有権を取得する。

⑧取得時効の起算点は、現実に占有を開始した時である。起算点を自由に設定することはできない。

68 物権変動(3)

一夜づけ 孫が代襲相続するのは、子が死亡・廃除・欠格事由により相続できない場合だけ。

1 相続人

①法律上の婚姻関係にある[配偶者]は、常に相続人になる。
②[子]も第１順位の相続人。配偶者と[子]が相続する場合、配偶者の法定相続分は２分の１。残りを[子]が均等に分割。
③子が死亡・廃除・欠格事由により相続できない場合は、被相続人の[孫]が子に代わって相続する（代襲相続）。子が[相続放棄]した場合は、代襲相続は生じない。

2 相続の承認と放棄

④相続人は、相続開始を知った時から３か月以内に、限定承認または放棄しないと、[単純承認]したとみなされる。
⑤相続人が相続の開始を知りながら相続財産を処分すると、[単純承認]をしたとみなされる。保存行為は別である。
⑥共同相続人が[限定承認]をするには、全員が共同して行わなければならない。
⑦[相続放棄]すると、最初から相続しなかったことになる。

3 共同相続と遺産分割

⑧複数の相続人が相続する共同相続では、遺産は共同相続人の[共有]となる。
⑨被相続人が遺言で禁じた場合を除き、共同相続人は、いつでも協議で[遺産分割]ができる。
⑩特定の遺産を特定の相続人に相続させるという遺言は、原則として[遺産分割]の方法の指定である。
⑪親権者が共同相続人である複数の子を代理して行った遺産分割協議は、有効な追認がない限り、[無効]である。
⑫遺産分割は、[相続開始時]に遡って効力を生じる。

69 物権変動(4)

一夜づけ 遺産分割の場合は登記が必要だが、相続放棄の場合は登記不要。

1 相続と登記

①相続放棄の効力は絶対的であり、誰に対しても、登記なしで相続放棄による所有権の取得を主張できる。

②共同相続による共有持分の取得は、登記がなくても、第三者に主張できる。

③遺産分割による所有権の取得を第三者に主張するには、登記が必要である。

2 遺　言

④15歳以上の者は、意思能力のある限り、遺言ができる。

⑤遺言は、民法の定める方式で行わなければならない。

⑥自筆証書遺言は、遺言者が全文･日付･氏名を自書し(財産目録は除く)、押印しなければならない。「吉日」は無効。

⑦共同遺言は禁止されている。夫婦であっても、同一の証書で遺言をすることはできない。

⑧遺言者はいつでも遺言の方式により遺言を撤回できる。

⑨遺言が複数あった場合、後の遺言を優先。前の遺言の抵触部分は、後の遺言によって撤回したとみなされる。

3 遺留分

⑩兄弟姉妹以外の相続人には、遺留分がある。

⑪直系尊属だけが相続人の場合は相続財産の3分の1が、その他の場合は相続財産の2分の1が遺留分である。

⑫相続開始前に遺留分を放棄するには、家庭裁判所の許可が必要。放棄しても、相続人たる地位は失わない。

⑬遺留分権利者は、受遺者または受贈者に対し、遺留分侵害額に相当する金銭の支払を請求できる。

70 不動産登記法(1)

一夜づけ　区分建物を除き、表題登記のない建物を取得したら、1か月以内に表題登記を申請。

1 表示に関する登記

①表示に関する登記は登記記録の表題部に記録される登記であり、最初に表題部にされる登記を表題登記という。

②表題部には、土地・建物の物理的現況が記録される。所有権の登記がない場合には、所有者も記録される。その所有者を表題部所有者という。

2 表示に関する登記の申請

③表示に関する登記は、登記官が職権でできる。

④表題部所有者または所有権の登記名義人が表示に関する登記を申請できる場合、その相続人などの一般承継人も、その登記を申請できる。

⑤新築の区分建物の所有者について相続などの一般承継があった場合、一般承継人も、被承継人を表題部所有者とする表題登記を申請できる。

⑥新たに生じた土地や新築建物を取得した者は、1か月以内に表題登記を申請する義務がある。表題登記のない土地や建物（区分建物を除く）を取得した者も同じ。

⑦土地の地目・地積が変わった場合、表題部所有者または所有権登記名義人は、変更から1か月以内に変更登記の申請義務がある。建物の種類・床面積の変更も同じ。

⑧表題部所有者の住所が変わっても、変更登記の申請義務はない。

⑨建物が滅失した場合、表題部所有者または所有権の登記名義人は、滅失の日から1か月以内に建物の滅失の登記を申請する義務がある。

71 不動産登記法(2)

一夜づけ　所有権の保存の登記を申請できるのは表題部所有者など法の規定する者だけである。

1 権利に関する登記

①権利に関する登記とは、登記記録の権利部に記録される登記をいう。権利に関する登記を申請する義務はない。ただし、相続または遺贈により所有権を取得した者は、相続開始の事実及び当該所有権の取得を知った日から3年以内に、所有権移転登記を申請しなければならない。

②権利に関する登記は、登記権利者と登記義務者の共同申請が原則である。権利に関する登記の申請には、申請情報に加え、登記原因を証する情報も必要なのが原則。

③確定判決による登記は、単独で申請できる。

④相続・遺贈・法人の合併による権利の移転登記も、単独で申請できる。登記名義人の氏名・名称・住所の変更または更正の登記も同じ。

⑤共有物分割禁止の定めに係る権利の変更の登記は、共有者である登記名義人全員が共同で申請する必要がある。

⑥権利に関する登記の抹消は、登記上の利害関係のある第三者がいる場合には、その承諾がなければ、申請できない。

2 所有権の保存の登記

⑦所有権の保存の登記とは、不動産について初めて行う所有権の登記である。

⑧所有権の保存の登記を申請できるのは、表題部所有者またはその一般承継人など法の規定する者だけである。

⑨表題部所有者から所有権を取得した者は、所有権の保存の登記を申請できない。ただし、区分建物は別。敷地権付きでも、その登記名義人の承諾を得て申請できる。

72 不動産登記法(3)

一夜づけ 所有権に関する仮登記を本登記にするには、登記上の利害関係者の承諾が必要。

1 仮登記

①仮登記は、将来の本登記の順位を確保するための登記であり、本登記は、仮登記の順位で行われる。

②仮登記も、共同申請が原則。ただし、登記義務者の承諾がある場合や仮登記を命ずる処分がある場合は、登記権利者が単独で申請できる。

③所有権に関する仮登記を本登記にする場合、登記上の利害関係のある第三者がいれば、その承諾が必要である。

④仮登記の抹消は、仮登記の登記名義人が単独で申請できる。また、仮登記の登記名義人の承諾があれば、仮登記義務者や利害関係人も単独で申請できる。

2 土地の合筆（がっぴつ）・分筆の登記

⑤合筆とは数筆の土地を合併させて1筆にすること。逆に、1筆の土地を分割して数筆にすることが分筆である。

⑥土地の合筆・分筆の登記は、表題部所有者または所有権の登記名義人の申請によって行われる。

⑦所有者が同じでなければ、合筆の登記はできない。

⑧所有者が同一でも、所有権の登記のある土地と表示の登記しかない土地であれば、合筆の登記はできない。

⑨所有者の持分が異なれば、合筆の登記はできない。

⑩地目が異なれば、合筆の登記はできない。

⑪一方の土地のみに抵当権の登記がある場合、合筆の登記はできない。両方の土地に抵当権の登記があっても、その内容が異なれば、合筆の登記はできない。

73 不法行為(1)

一夜づけ 被害者本人や被害者と一体の者に過失があれば、過失相殺ができる。

1 不法行為の成立要件

①故意・過失によって他人の権利または法律上保護される利益を侵害し、損害を発生させると、不法行為が成立。

②責任能力のない未成年者や心神喪失者は、不法行為責任を負わない。

③加害行為が正当防衛や緊急避難に当たれば、不法行為は成立しない。

2 不法行為の効果

④不法行為が成立すると、被害者は、加害者に対して損害賠償請求ができる。財産的損害だけでなく、精神的損害などの非財産的損害も、賠償請求できる。

⑤法人が名誉を毀損された場合、法人には無形の損害が発生し、その賠償請求ができる。

⑥被害者本人だけでなく、身分上または生活関係上被害者と一体の者を加えた被害者側に過失があれば、過失相殺ができる。

⑦被害者が即死した場合にも、逸失利益の賠償請求権や慰謝料請求権を相続できる。

⑧不法行為による損害賠償請求権は、被害者またはその法定代理人が、損害及び加害者（賠償義務者）を知った時から３年で消滅時効にかかる。ただし、人の生命・身体の侵害なら、時効期間は５年である。また、不法行為の時から２０年間行使しないときも時効消滅する。

⑨不法行為による損害賠償債務は、損害の発生と同時に履行遅滞に陥る。

74 不法行為(2)

一夜づけ 使用者責任が成立する場合、使用者だけでなく、被用者も損害賠償債務を負う。

1 使用者責任

①使用者は、被用者が事業の執行について第三者に加えた損害を賠償する責任を負う。外形上、被用者の職務行為と認められる行為であれば、事業の執行に当たる。

②使用者責任が成立する場合、被用者も損害賠償債務を負う。使用者と被用者の債務は連帯債務であり、一方の債務が消滅時効にかかっても、他方に影響しない。

③使用者が損害を賠償した場合、使用者は、被用者に対して信義則上相当と認められる限度で求償できる。

2 共同不法行為

④複数の者による共同の不法行為によって損害が生じた場合、各人が全損害について連帯して賠償義務を負う。

⑤共同不法行為者が負うのは連帯債務であり、1人に履行を請求しても、他の者には効力が及ばない。

⑥1人が損害を賠償すると、他の者に過失の割合・損害への寄与の割合に応じて求償できる。

⑦被用者が使用者の事業の執行について第三者と共同不法行為をした場合、使用者は被用者と同じ責任を負う。賠償した使用者は、第三者に負担部分の求償ができる。

3 土地工作物責任

⑧土地の工作物の設置・保存の瑕疵によって他人に損害が発生した場合、工作物の占有者が第1次的責任を負う。

⑨無過失の占有者は免責され、工作物の所有者が責任を負う。所有者は無過失でも免責されない。

⑩損害の原因について責任のある者がいれば求償できる。

75 代 理 (1)

一夜づけ 復代理人を選任しても、代理人の代理権は消滅せず、代理人は代理人のままである。

1 代 理 権

①任意代理の場合、本人が代理権を授与する。これに対して、法定代理の場合、代理権は、本人の意思とは無関係に、法律の規定に基づいて発生する。

②代理権は、本人または代理人の死亡・破産手続開始の決定によって消滅する。ただし、法定代理の場合、本人が破産手続開始決定を受けても、代理権は消滅しない。また、登記申請についての代理人の権限は、本人の死亡によっては消滅しない。

③代理人が後見開始の審判を受け、成年被後見人になると、代理権は消滅する。しかし、本人が成年被後見人になっても、代理権は消滅しない。

2 自己契約・双方代理

④自己契約・双方代理は、債務の履行と本人が予め許諾した行為を除き、無権代理となる。

⑤登記申請については、登記権利者と登記義務者の代理人が同一人であっても、双方代理の禁止に違反しない。

3 復代理人

⑥復代理人は、本人に対して直接権利を持ち義務を負う。相手方からの受領物は、代理人に引き渡してもよい。

⑦法定代理人は、いつでも復代理人を選任できる。ただし、復代理人の行為について全責任を負うのが原則。

⑧任意代理人が復代理人を選任できるのは、本人の許諾を得た場合、または、やむを得ない事情のある場合だけ。

⑨復代理人を選任しても、代理人の代理権は消滅しない。

76 代理(2)

一夜づけ 代理人に行為能力は必要なく、未成年者も代理人になれる。

1 代理行為

①代理人が行う意思表示(代理行為)は、本人のためにすること(代理意思)を示して(顕名)行う必要がある。

②顕名がなければ、代理人の意思表示とみなされ、効果は代理人に帰属する。ただし、相手方が代理意思を知り、または知ることができた場合は、本人に効果帰属。

③代理人に行為能力は不要である。制限行為能力者であることを理由に代理行為を取り消すことはできない。

2 無権代理・表見代理

④本人が追認すると、無権代理行為は行為時から本人に効果が帰属していたことになる。

⑤無権代理行為の相手方は、本人に対して相当の期間内に追認するか否かを確答するように催告できる。確答がない場合は、追認拒絶とみなされる。

⑥善意の相手方は、本人の追認前であれば、無権代理人との契約を取り消すことができる。

⑦善意無過失の相手方は、無権代理人に対して本来の履行・損害賠償のいずれかを選択して請求できる。

⑧無権代理人が本人を単独相続した場合、本人が追認を拒絶していない限り、法律行為は当然に有効になる。

⑨本人が無権代理人を相続した場合、本人の資格で追認を拒絶できる。だが、無権代理人の責任は免れられない。

⑩何らかの代理権はあるものの、それを超えた行為がなされた場合、相手方に権限内と信じる正当な理由があれば、表見代理が成立し、本人に効果が帰属する。

77 売買（1）

一夜づけ 売主が宅建業者で買主が宅建業者でない場合、手付は必ず解約手付となる。

1 売買と手付

①解約手付を交付した買主は、売主が履行に着手する前なら、手付を**放棄**して契約を解除できる。

②解約手付を交付された売主は、買主が履行に着手する前なら、買主に手付の**倍額**を返して契約を解除できる。現実に倍額を提供する必要があり、返すと告げるだけでは解除できない。

③**解約手付**による解除を行った場合には、他に損害があっても、その賠償を請求することはできない。

④解約手付が交付されていても、**債務不履行**があれば、それを理由に契約を解除できる。その場合には、損害賠償請求もできる。

2 宅建業者と手付

⑤宅建業者は、相手方等に対し、**手付の貸付け**などの信用の供与によって契約の締結を誘引してはならない。契約が成立しなくても宅建業法に違反する。手付の**分割払い**も信用の供与に当たるが、手付金の減額は当たらない。

⑥宅地建物の売主が宅建業者で、買主が宅建業者でない場合、**手付の額**は、代金の20%を超えてはならない。

⑦宅地建物の売主が宅建業者で、買主が宅建業者でない場合、相手方の履行着手前なら、交付された手付の性質を問わず、買主は**手付**を放棄して、売主は倍額を現実に提供して契約を解除できる。買主に不利な特約は、無効。

⑧宅建業者は、買主が誰でも、正当な理由なく、手付の放棄による**契約解除**を拒み、または、妨げてはならない。

78 売買(2)

一夜づけ 買主の申出により自宅で買受けの申込みをした場合は申込みの撤回等はできない。

1 保全措置

①宅地建物の売主が宅建業者で買主が宅建業者でない場合、物件の引渡しも登記もない間は、**保全措置**を講じないと、代金や手付金などを受領できない。ただし、受領済みを含め1,000万円以下で、かつ代金の10%以下(未完成物件は5%以下)なら、保全措置は不要。

2 損害賠償額の予定と違約金

②宅地建物の売主が宅建業者で買主が宅建業者でない場合、損害賠償額の予定と**違約金**の合計額は、代金の20%を超えてはならない。超過部分は無効である。

3 クーリング・オフ

③宅建業者でない者は、宅建業者が売主の売買について買受けの**申込みの撤回**・売買の解除ができる場合がある。

④宅建業者の**事務所**や専任の宅建士の設置義務がある**案内所等**(土地に定着するものに限る)で買受けの申込みをした場合、申込みの撤回等はできない。買主の申出により、その自宅または勤務先で申込みを行った場合もできない。

⑤宅建業者が書面で撤回等について告げ、その日から起算して**8日**が経過した場合や、宅地建物が引き渡され、かつ、代金全額が支払われた場合も、撤回等はできない。

⑥撤回等は**書面**で行い、**書面**を発した時に効力を生じる。

⑦撤回等が行われた場合、宅建業者は、速やかに、受領した手付金その他の金銭を**返還**しなければならない。損害賠償または違約金の支払の請求はできない。

⑧宅建業者でない買受けの**申込者**に不利な特約は無効。

79 売　買（3）

一夜づけ 他人物売買も有効だが、売主が宅建業者で買主が宅建業者でない場合は原則禁止。

1 割賦販売

①売主が宅建業者で買主が宅建業者でない宅地建物の割賦販売契約は、30日以上の相当の期間を定めて書面で催告しないと、履行遅滞を理由とする解除はできない。

②売主が宅建業者で買主が宅建業者でない宅地建物の割賦販売では、代金の30％を超える額が支払われていれば、引渡前に登記の移転等をしなければならない。

2 他人物売買

③他人物売買（一部他人物を含む）は有効。売主は、目的物の所有権を取得して買主に移転する義務を負う。権利を移転できなかった場合、売主は債務不履行責任を負う。

④売主が宅建業者で買主が宅建業者でない場合、他人物売買は原則として禁止されている。

⑤売主である宅建業者が、物件の所有者から権利を取得する契約（停止条件付契約は不可）を締結している場合は、例外的に売買契約を締結できる。

⑥売主が宅建業者で、買主が宅建業者でない場合、未完成物件の売買は、原則として禁止されている。ただし、手付金等の保全措置が講じられている場合は、例外的に売買契約を締結できる。

⑦売買の目的物の一部が他人物であり、その部分の所有権を移転できない場合、買主は売主に対し、損害賠償請求・契約解除・追完請求・代金減額請求ができる。ただし、代金減額請求は、原則として、相当の期間を定めて追完の催告をし、その期間内に追完されないことが必要。

80 売買（4）

一夜づけ　免責特約があっても、売主が知りながら告げなかった点は免責されない。

1 契約内容適合義務

①売主が買主に引き渡す目的物は、契約内容に適合した種類・品質・数量でなければならない。

②売主が買主に移転する権利も、契約内容に適合したものでなければならない。

③契約内容に適合しない場合、売主は、債務不履行となる。

2 売主の担保責任その1

④渡された目的物や権利が契約内容に適合しない場合、帰責事由のない買主は、売主に履行の追完（目的物の修補・代替物の引渡し・不足分の引渡しなど）を請求できる。

⑤帰責事由のない買主は、相当の期間を定めて催告したが、期間内に追完がない場合、売主の不適合の程度に応じた代金減額請求ができる。

⑥追完不能の場合、売主の追完拒絶意思が明確な場合、催告をしても追完を受ける見込みがないことが明らかである場合は、催告なしで、直ちに代金減額請求ができる。

⑦売主の債務不履行責任の追及として、要件を満たせば、契約の解除や損害賠償請求もできる。

⑧免責特約があっても、売主は、知りながら告げなかった事実や、自ら第三者のために設定または第三者に譲り渡した権利については、責任を免れない。

⑨買った不動産に契約不適合の先取特権・質権・抵当権がついており、買主が費用を出して所有権を保存した場合、買主は、売主に費用の償還を請求できる。

81 売買（5）

一夜づけ 契約不適合の通知は、不適合を知った時から1年以内に行う必要がある。

1 売主の担保責任その2

①売主が買主に移転した権利が契約内容に適合しない場合（例購入した土地に地上権が設定されていて買主の占有が妨げられた）、買主は売主に対し、追完請求等の担保責任を追及できる。

②目的物の種類・品質が契約内容に不適合である場合、買主は、不適合を知った時から1年以内に、売主にその旨を通知する必要がある。

③通知を怠ると、引渡時に売主が不適合を知り、または重大な過失により知らなかった場合を除き、追完請求などができなくなる。

④売主が宅建業者で買主が宅建業者でない場合、目的物の種類・品質に関する契約不適合責任に関し、民法の規定より買主に不利となる特約をしてはならない。違反する特約は、原則として無効となる。

⑤売主が宅建業者で買主が宅建業者でない場合、目的物の種類・品質の不適合を売主に通知すべき期限について、目的物の引渡日から2年以上とする特約は、例外的に有効とされる。

⑥たとえば、「引渡日から2年」とする特約は有効だが、「引渡日から1年」とする特約は無効となる。その場合、通知期間は、買主が不適合を知った時から1年となる。

⑦契約不適合責任として認められる追完請求等の買主の権利は、権利行使できることを買主が知った時から5年、または権利行使できる時から10年で時効消滅する。

82 売買（6）

一夜づけ 住宅販売瑕疵担保保証金の供託の説明は、契約締結までに書面を交付して行う。

1 新築住宅の売主の瑕疵担保責任

①新築住宅の買主は、構造耐力上主要な部分・雨水の浸入を防止する部分にあった瑕疵について、引渡時から10年間売主の責任を追及できる。

②この場合、買主は、損害賠償請求･契約の解除だけでなく、追完請求（瑕疵の修補など）・代金減額請求もできる。

2 資力確保措置

③新築住宅の売主が宅建業者で買主が宅建業者でない場合、宅建業者には、住宅販売瑕疵担保保証金の供託または住宅販売瑕疵担保責任保険契約の締結義務がある。これに対して、売買の媒介・代理をする場合は義務なし。

④住宅販売瑕疵担保保証金を供託した場合、宅建業者は、供託所の所在地等について、契約締結までに、買主に書面を交付して説明しなければならない。

⑤住宅販売瑕疵担保責任保険契約が締結されると、宅建業者が保険料を支払い、保険法人が住宅の瑕疵によって生じた損害について保険金を支払う。

⑥住宅販売瑕疵担保責任保険契約は、新築住宅の引渡しを受けた時から10年以上の期間有効でなければならない。

⑦新築住宅を引き渡した宅建業者は、基準日ごとに、免許を受けた国土交通大臣・都道府県知事に保証金供託・保険契約締結の状況を3週間以内に届け出る必要がある。

⑧基準日ごとの届出を怠ると、基準日の翌日から起算して50日を経過した日以後、自ら売主となる新築住宅の新たな売買契約の締結ができなくなる。

83 売買と税(1)

一夜づけ 居住用財産なら特別控除。所有期間が10年を超えれば軽減税率の特例も受けられる。

1 不動産取得税

①売買・交換・贈与、新築・増築・改築（価格が増加した場合）などによって、不動産の所有権を取得した者には、不動産の所在地の都道府県から**不動産取得税**が課される。

②生計を一にする**親族**から不動産を取得した場合にも、不動産取得税は課される。

③相続・**法人の合併**による不動産の取得には、不動産取得税は課されない。課税標準となるべき額（固定資産税評価額）が10万円未満の土地の取得も課されない。

④一定の床面積の新築**住宅**を取得した場合は、課税標準から1,200万円が控除される。既存住宅の場合は、新築時期によって控除額が100万円〜1,200万円となる。

2 譲渡所得税

⑤土地や建物などの**譲渡**によって得た利益に対して、譲渡所得税が課される。

⑥**居住用財産**の譲渡は3,000万円の特別控除を受けることができる。譲渡した年の1月1日時点で所有期間が10年を超えていれば、軽減税率の特例も受けられる。

⑦居住用財産の3,000万円特別控除は、**所有期間**にかかわらず適用されるが、3年に1度しか適用されない。

⑧**配偶者**、直系血族、生計を一にする親族など特別の関係にある者に対して譲渡した場合は、居住用財産の3,000万円特別控除及び軽減税率の適用を受けられない。

84 売買と税(2)

一夜づけ 200㎡以下の住宅用地に対する固定資産税の課税標準は、台帳価格の6分の1。

1 固定資産税

①土地・家屋・償却資産の1月1日現在の所有者に対して、その所在地の市町村から固定資産税が課される。

②土地・家屋の所有者とは、登記簿または補充課税台帳に所有者として記載されている者をいう。

③質権が設定されている土地は、質権者が納税義務者。

④税額は、固定資産課税台帳登録価格に標準税率1.4%を乗じた額である。

⑤200㎡以下の小規模住宅用地に対する固定資産税の課税標準は、台帳登録価格の6分の1となる。200㎡超の住宅用地の課税標準は、200㎡以下の部分6分の1、200㎡超の部分3分の1で計算される。

⑥固定資産税の徴収は、普通徴収の方法により、都市計画税と併せて徴収できる。

2 登録免許税

⑦不動産の登記を受ける者には、登録免許税が課される。登記の共同申請者は、連帯して納税義務を負う。

⑧登録免許税は、現金納付が原則。税額が3万円以下の場合は、印紙でも納付できる。

⑨建物を新築した所有者が行う表題登記には、登録免許税は課されない。

⑩登録免許税の課税標準となる不動産の価額は、固定資産課税台帳登録価格である。その金額が1,000円未満の場合は、1,000円とされる。

85 宅地建物の価格

一夜づけ 標準地の正常な価格は、使用収益を制限する権利はないものとして算定される。

1 地価公示

①地価公示とは、土地鑑定委員会が、毎年1月1日における**標準地**の正常な価格を判定し公示することである。

②標準地は、土地の利用状況・環境等が通常と認められる一団の土地について、**土地鑑定委員会**が選定する。

③標準地の**正常な価格**とは、自由な取引において通常成立すると認められる価格をいう。使用収益を制限する権利は、存在しないものとして算定する。

④都市計画区域外の区域も**公示区域**とすることができる。

⑤不動産鑑定士が公示区域内の土地の正常な価格を求める場合、**公示価格**を規準とし、類似の利用価値のある標準地の**公示価格**と均衡を保つ必要がある。

⑥土地の取引は、類似の利用価値がある標準地の**公示価格**を指標として行うように努めなければならない。

2 不動産の鑑定評価

⑦不動産の効用・相対的稀少性・有効需要に影響を与える要因を**価格形成要因**という。**価格形成要因**は、一般的要因・地域要因・個別的要因に分けられる。

⑧鑑定評価の手法として、原価法・取引事例比較法・収益還元法があり、これらを**併用**するのが原則である。

⑨**原価法**とは、再調達原価を求め、それを減価修正して、試算価格（積算価格）を求めるものである。減価修正は、耐用年数に基づく方法と観察減価法の併用が原則。

⑩**収益還元法**とは、対象不動産が将来生み出すと期待される純収益の現在価値の総和を求めるものである。

86 賃貸借(1)

一夜づけ 建物の賃借人からの解約申入れに正当事由は不要だが、賃貸人からの申入れには必要。

1 賃借権・借家権・借地権

①賃貸借は、賃料を払って物を使用収益する契約であり、当事者の合意だけで成立する(諾成契約)。

②賃貸借契約によって発生する賃借人の賃貸人に対する権利を賃借権という。

③建物の賃貸借によって発生する賃借権を借家権という。

④建物の所有を目的とする土地の賃借権と地上権を借地権という。

⑤借家権や借地権には借地借家法が優先的に適用される。

⑥不動産の賃借権は、時効取得できる。農地でも、賃借権の時効取得には、農地法の許可は不要。

⑦使用貸借と異なり、賃借権は、相続される。

⑧内縁の夫・妻に相続権はない。ただし、借家権については、相続人がいなければ、内縁の夫・妻が承継する。

2 期間の定めがない賃貸借

⑨期間の定めがない場合、各当事者はいつでも解約の申入れができる。解約の申入れ後、所定の期間が経過すると、賃貸借は終了する。

⑩賃借人が建物賃貸借の解約を申し入れた場合、その後3か月で賃貸借は終了する。

⑪賃貸人が普通の建物賃貸借について解約を申し入れるには、正当事由が必要である。また、賃貸借が終了するのは、申入れの6か月後である。これらに反する特約で建物の賃借人に不利なものは、無効である。

87 賃貸借(2)

一夜づけ 借地権の存続期間は30年が下限であり、期間を定めないと、30年の借地権になる。

1 賃貸借の存続期間

①民法の適用される賃貸借の存続期間は、50年が上限。50年よりも長い期間を定めても、50年に短縮される。

②借家権は、存続期間に上限がなく、自由に決められるのが原則。ただし、1年未満とした場合は、期間の定めがないとみなされる。

③普通の借地権の存続期間は、30年が下限。期間を定めなかった場合や30年未満の期間を定めた場合は30年の借地権になる。30年より長い期間を定めた場合はその期間が存続期間となる。

④当初の存続期間中に借地上の建物が滅失しても、少なくとも、残存期間については、借地権が存続する。

⑤地主の承諾を得て残存期間を超えて存続する建物を築造した場合、借地権は、承諾があった日または建物が築造された日のいずれか早い日から20年間存続する。

⑥借地契約を1回以上更新した後に、建物が滅失した場合、借地権者は、地上権の放棄または賃貸借の解約の申入れをすることができる。

⑦借地契約を1回以上更新した後に、建物が滅失した場合において、借地権者が地主の承諾を得ずに、残存期間を超えて存続すべき建物を築造したときは、地主は、地上権の消滅または賃貸借の解約の申入れができる。

2 一時使用目的の場合

⑧一時使用目的の場合、借家は、借地借家法全面不適用。借地は、更新や建物買取請求権等の規定のみ不適用。

88 賃貸借(3)

一夜づけ 借地権者の更新請求を拒むには、遅滞なく正当事由のある異議を述べる必要がある。

1 賃貸借の更新

①民法の適用される賃貸借は、期間満了後に賃借人が使用収益を継続し、賃貸人がそれを知りつつ異議を述べなかった場合、更新したと推定される。

2 普通の建物賃貸借の更新

②普通の建物賃貸借の場合、期間満了の1年前から6か月前までの間に、賃貸人・賃借人のいずれからも更新拒絶の通知がないと、更新したとみなされる。

③建物の賃貸人が更新拒絶の通知をするには、正当事由が必要である。立退料は正当事由の考慮要素の1つ。

④建物の賃貸人が正当事由のある更新拒絶通知をしても、賃借人が使用を継続した場合には、賃貸人が遅滞なく異議を述べないと、更新したとみなされる。

⑤更新後の建物賃貸借は、期間の定めのないものになる。

3 普通の借地契約の更新

⑥建物が存在する場合、借地権者は、更新を請求できる。

⑦借地権者の更新請求に対して借地権設定者が遅滞なく正当事由のある異議を述べないと、更新とみなされる。

⑧借地権者の更新請求に対して借地権設定者が遅滞なく正当事由のある異議を述べた場合には、契約は終了する。

⑨期間満了後も建物が存在し、借地権者が土地の使用を継続している場合、借地権設定者が遅滞なく正当事由のある異議を述べないと、更新したとみなされる。

⑩最初の更新後の存続期間は20年、2度目以降は10年。これらより長い期間を定めた場合はそれによる。

89 賃貸借(4)

一夜づけ 床面積200㎡未満の居住用建物の賃借人は、定期建物賃貸借を中途解約できる。

1 定期建物賃貸借

①定期建物賃貸借は、正当事由の有無に関係なく、期間が満了すれば、終了する。

②定期建物賃貸借は、存続期間を定める必要がある。その期間は1年未満でもよい。

③定期建物賃貸借を締結する場合、賃貸人は、事前に賃借人に対して書面（賃借人の承諾があれば電磁的方法も可）を交付して更新のないことを説明しなければならない。説明を怠ると、更新がない旨の特約は、無効とされ、普通の借家契約として成立する。

④定期建物賃貸借契約は、書面（または電磁的記録）で締結する必要がある。

⑤存続期間が1年以上の場合、賃貸人は、満期の1年前から6か月前までの間に期間満了による賃貸借の終了を通知しなければならない。通知を不要とする特約は無効。

⑥床面積が200㎡未満の居住用建物の賃借人は、やむを得ない事情により生活の本拠として使用することが困難になった場合に解約の申入れができ、申入れの日から1か月が経過すると、定期建物賃貸借は終了する。この中途解約を禁止する特約は無効である。

2 取壊し予定の建物の賃貸借

⑦法令・契約により一定の期間経過後に取り壊すことが明らかな建物の賃貸借については、書面（または電磁的記録）で取り壊すこととなる時に賃貸借が終了する旨の特約ができる。

90 賃貸借(5)

一夜づけ 公正証書でなければ、事業用定期借地権を設定することはできない。

1 定期借地権

①存続期間50年以上の借地権であれば、更新・建物の再築による存続期間の延長・建物買取請求権を認めないという特約を書面(または電磁的記録)で定めることができる。

②専ら事業用の建物の所有を目的とし、公正証書によるのであれば、事業用定期借地権を設定できる。社宅などの居住用の建物の所有が目的ではダメ。

③存続期間が10年以上30年未満の事業用定期借地権には、更新などの規定は適用されない。30年以上50年未満の場合は、特約で更新などの規定を排除できる。

④借地権設定後30年以上経過した日に、建物を借地権設定者に譲渡する旨を特約し、その譲渡によって借地権を消滅させる借地権も設定できる。この特約は書面不要。

2 建物買取請求権・造作買取請求権

⑤普通の借地権の存続期間が満了し、契約が更新されない場合、借地権者は、借地権設定者に対して建物を時価で買い取るよう請求できる。これを認めない特約は無効。

⑥普通の建物の賃貸借が期間の満了・解約によって終了する場合、賃借人は、賃貸人の同意を得て付加した造作(畳・建具など)または賃貸人から買った造作を時価で買い取るように賃貸人に請求できる。転借人も同じ。

⑦建物買取と異なり造作買取請求を認めない特約は有効。

⑧造作買取請求権を行使しても、建物を留置できない。

⑨債務不履行による解除の場合には、建物買取請求権も、造作買取請求権も行使できない。

91 賃貸借(6)

一夜づけ　借地上に借地権者名義の登記のある建物があれば、第三者にも借地権を主張できる。

1　賃借権の対抗要件

①不動産賃借権は、登記をすれば、第三者にも対抗できる。ただし、賃借人には登記請求権がない。

②一時使用目的でない建物の賃借権の対抗要件は、建物の引渡しである。建物の引渡しがあれば、第三者にも賃借権を主張できる。登記が必要とする特約は無効である。

③借地権の対抗要件は、建物の存在とその登記である。借地権者が借地上に登記のある建物を所有していれば、第三者にも借地権を主張できる。

④借地上の建物の登記は、表示の登記でもよい。ただし、建物の登記は、借地権者名義でなければならない。妻や子の名義の登記に対効力はない。

⑤建物の登記によって借地権を対抗できるのは、その建物が存在する一筆の土地だけである。

⑥建物が滅失しても、土地上の見やすい場所に、建物の特定に必要な事項・滅失日・建物再築の意思を掲示すれば、借地権を対抗できる。ただし、滅失日から２年を経過する前に建物を再築し、登記する必要がある。

2　裁判所の関与

⑦建物の種類・構造等を制限する借地条件があり、法令の変更等により、その条件が相当でなくなったが、当事者間の協議が調わない場合、裁判所は、当事者の申立てにより条件を変更できる。

⑧増改築を制限する条件がある場合も、裁判所は、増改築について地主の承諾に代わる許可をすることができる。

第４編　宅地建物の取引

92 賃貸借(7)

一夜づけ　修繕義務の不履行を理由に賃料の支払を拒めるのは、使用収益できない割合分だけ。

1 賃貸人の義務

①賃貸人は賃借人に賃貸物を使用収益させる義務を負う。

②賃貸人は、賃貸物の使用収益に必要な修繕をする義務を負う。修繕義務の不履行によって使用収益できない部分がある場合、その割合分だけ賃料の支払を拒める。

③賃貸人が賃貸物の保存に必要な行為をする場合、賃借人は拒むことができない。そのために賃借人が賃借した目的を達することができなくなるときは、賃借人は、契約を解除できる。

④本来、賃貸人が負担すべき必要費を賃借人が支出した場合、賃借人は、直ちにその償還を請求できる。

⑤賃借人が賃借物について有益費を支出したときは、賃貸人は、賃貸借の終了時に、賃貸人の選択に従い、その支出額または増加額を償還しなければならない。

2 賃借人の義務

⑥賃借人は、賃借物受領後に生じた損傷（通常の使用に生じた損耗や経年変化を除く）がある場合、賃貸借が終了したときは、その損傷の原状回復義務を負う。

⑦賃借人は、賃貸物の使用収益の対価として賃料を支払わなければならない。賃料は、後払いが原則である。

⑧賃借人に債務不履行があった場合、賃貸人は、賃借人に催告すれば、契約を解除できる。

⑨不動産賃貸借は、信頼関係を破壊しない些細な不履行では解除できない。その反面、賃借人の債務不履行の態様が余りに悪質な場合には、無催告解除も許される。

93 賃貸借(8)

一夜づけ 賃料を増額請求できないとする特約は有効だが、減額請求できないとする特約は無効。

1 特約の効力

①借地や一時使用目的でない借家の賃料が不相当になった場合、当事者は、将来に向かって増減を請求できる。ただし、一定期間増額しない特約があれば、それに従う。

②一時使用目的でない借家の賃料を一定期間減額しないという特約は、無効である。

③定期建物賃貸借の場合、減額請求を認めない旨の特約も有効となる。

④居住用建物の賃借人が相続人なく死亡した場合、当時同居していた内縁の夫・妻または事実上の養子は、借家権を承継できるが、この権利を排除する特約は有効。

2 賃借権の譲渡・転貸

⑤賃借権の譲渡とは、契約によって賃借人の地位を移すこと。借地上の建物の譲渡は、借地権の譲渡に当たる。

⑥転貸とは、賃借人が賃貸物を第三者に賃貸すること。借地上の建物の賃貸は、借地権の転貸ではない。

⑦賃借権の譲渡や転貸には、賃貸人の承諾が必要である。借地権の場合は、借地権者が借地権設定者の承諾に代わる許可を裁判所に請求できる。

⑧賃貸人に無断で賃借権の譲渡・転貸をし、第三者に賃借物を使用収益させると、賃貸人に解除権が発生する。

⑨不動産賃借権の場合は、無断譲渡・無断転貸が賃貸人に対する背信行為に当たらない特段の事情があれば、解除権は発生しない（信頼関係破壊理論）。

94 賃貸借(9)

一夜づけ　賃貸借の合意解除は転借人に対抗できないが、債務不履行解除は対抗できる。

1 賃貸人の地位の移転

①対抗要件を備えた賃貸借の目的物である不動産が譲渡された場合、賃貸人たる地位は、**譲受人**に移転する。

②賃借物である不動産の譲受人が、その所有権や賃貸人たる地位の移転を対抗するには、**登記**を要する。

2 転借人の地位

③転借人は、賃借人の債務の範囲の限度で、**賃貸人**に対して直接義務を負い、転貸人に賃料を**前払**したことをもって対抗できない。

④適法な転貸が行われた場合、賃貸人は、賃借人との間の賃貸借を**合意解除**しても、転借人には対抗できないが、賃借人の債務不履行を理由として解除した場合は、転借人に対抗できる。

3 敷　金

⑤**敷金**とは、賃貸人に対する金銭給付を目的とする債務の担保のため、賃借人が賃貸人に交付する金銭をいう。

⑥賃貸借が終了し、賃貸物の返還を受けた場合、賃貸人は、敷金から賃借人の債務を控除した残額を**賃借人に返還**しなければならない。

⑦賃借物の明渡しと敷金の返還は同時履行の関係に立たず、賃借物の**明渡し**を先に履行しなければならない。

⑧**賃貸人**たる地位が不動産の譲受人に移転した場合、譲受人は、敷金返還債務も承継する。

⑨賃借権が譲渡され**賃借人**が交代した場合、旧賃借人が交付していた敷金は、新賃借人に承継されない。

95 宅地建物の取引と印紙税

一夜づけ　代理人名義で作成した印紙税の課税文書について納税義務があるのは代理人である。

1 印紙税の課税文書

①不動産の売買・交換・贈与契約書は、課税文書。仮契約書や契約内容を補充する覚書にも、印紙税が課される。

②土地の賃貸借契約書は課税文書である。これに対して、建物の賃貸借契約書は課税文書ではない。ただし、敷金の受取書には、印紙税が課される。

③営業に関する５万円以上の金銭の領収書も、課税文書。

④国・地方公共団体が作成した文書は、非課税。国等と私人との間で契約書を２通作成し、双方が保存する場合、私人保存の契約書は非課税とされる。

2 納税額と納付方法

⑤印紙税は、契約書等の記載金額を基準に課税される。

⑥贈与契約書は、記載金額のない契約書とされる。

⑦交換契約書の記載金額は、高い方の交換対象物の金額。

⑧不動産の譲渡契約書兼請負契約書の記載金額は、譲渡額が原則。ただし、双方の額を区別できる場合は高い方。

⑨同じ課税事項の金額が複数あれば、合計額が記載金額。

⑩土地の賃料や後日返還予定のものは記載金額から除く。

⑪金額を増額する変更契約の記載金額は、増加額。減額する変更契約は、記載金額のない契約書とされる。

⑫納税義務があるのは、課税文書の作成者。代理人名義で作成した課税文書の納税義務は、代理人にある。

⑬印紙税は、課税文書に印紙をはり付け、消印して納付する。消印は、代理人・従業者の印章・署名でもよい。

⑭納付しないと、過怠税として３倍の金額が徴収される。

96 国土利用計画法による規制(1)

一夜づけ　監視区域・注視区域内の一定の土地の売却には、事前の届出が必要である。

1 規制区域

①都道府県知事が規制区域に指定した区域内の土地に関する権利を売却したりするには、知事の許可が必要。

2 監視区域

②都道府県知事は、予め土地利用審査会と関係市町村長の意見を聴き、地価が急激に上昇またはそのおそれのある規制区域以外の区域を監視区域に指定できる。

③一定の面積以上（当事者のいずれかに該当すればよい）の監視区域内の土地に関する権利を売却したりするには、予め都道府県知事に届出が必要である。

④事前届出を要する土地の面積の下限は、市街化区域なら2,000㎡、市街化区域以外の都市計画区域なら5,000㎡、都市計画区域外なら10,000㎡をそれぞれ超えない範囲で、都道府県知事が規則で定める。

3 注視区域

⑤都道府県知事は、予め土地利用審査会と関係市町村長の意見を聴き、地価が相当な程度を超えて上昇・そのおそれがある規制区域以外の区域を注視区域に指定できる。

⑥一定の面積以上（当事者のいずれかに該当すればよい）の注視区域内の土地に関する権利を売却したりするには、予め都道府県知事に届出が必要である。

⑦事前届出が必要なのは、市街化区域なら2,000㎡以上、市街化区域以外の都市計画区域なら5,000㎡以上、都市計画区域外なら10,000㎡以上の土地である。

⑧指定都市の監視・注視区域の規制は、その長が行う。

97 国土利用計画法による規制(2)

一夜づけ　規制・監視・注視区域以外の土地の取引には、事後届出が必要な場合がある。

1 規制・監視・注視区域以外の事後届出

①売買・交換等の契約により、対価を払って、規制・監視・注視区域以外の所定の面積の土地に関する権利を取得した者は、契約締結日から2週間以内に都道府県知事（指定都市なら、その長）に**届出**が必要である。権利取得の予約をした者も同じ。

②届出は、土地の所在地の**市町村長**を経由して行う。

③届出が必要なのは、**市街化区域**なら2,000㎡以上の土地、市街化区域以外の都市計画区域なら5,000㎡以上の土地、都市計画区域外なら10,000㎡以上の土地である。

④物理的一体性、計画的一貫性のある複数の土地（一団の土地）については、個々の面積ではなく、**合計面積**について、届出の必要性を判断する。

⑤届出事項は利用目的・**対価の額**等。対価が金銭以外の場合は時価を基準として金銭に見積った額を届け出る。

⑥**届出**を怠った者は、6か月以下の懲役または100万円以下の罰金に処せられる。

2 事後届出が不要な場合

⑦契約当事者の一方または双方が国または**地方公共団体**の場合は、規制・監視・注視区域以外の事後届出は不要。

⑧農地法3条1項の**許可**を得た場合も事後届出不要。

⑨民事調停法の**調停**によって取得した者も事後届出不要。

⑩**時効取得**や相続は、契約による権利の取得ではないから、事後届出不要。

⑪**贈与**は、対価を払わないから、事後届出不要。

98 国土利用計画法による規制(3)

一夜づけ 利用目的変更の勧告に拘束力はなく、勧告に従わなくても、契約は有効である。

1 事後届出による利用目的変更の勧告

①事後届出による利用目的に従うと、周辺地域の適正かつ合理的な土地利用に著しい支障が生じる場合、都道府県知事は、利用目的について必要な**変更**を勧告できる。利用目的以外の事項についての勧告はできない。

②利用目的変更の勧告ができる期間は、原則として**届出日**から３週間以内とされている。ただし、一定の場合、さらに３週間の範囲で延長できる。

③利用目的変更の勧告をするには、**土地利用審査会**の意見を聴かなければならない。

2 利用目的変更の勧告の効力と公表

④利用目的変更の勧告には、**拘束力**がない。勧告を受けた者がそれに従わなくても、事後届出に関する土地の売買等の契約に影響はない。契約は有効である。

⑤利用目的変更の勧告を受けた者がそれに従わない場合、都道府県知事は、その旨及び勧告内容を**公表**できる。

3 利用目的変更とあっせん

⑥**勧告**に基づき利用目的が変更された場合、都道府県知事は、必要があれば、土地に関する権利の処分につき、あっせんなどの措置を講ずるよう努めなければならない。

4 利用目的についての助言

⑦都道府県知事は、事後届出をした者に対し、その利用目的について、周辺地域の適正かつ合理的な土地利用のために必要な**助言**ができる。

99 農地法による規制(1)

一夜づけ 農地の転用には、原則として都道府県知事の許可が必要である。

1 農地と採草放牧地

①農地法の適用される農地とは、耕作の目的に供される土地をいう。休耕地も農地である。

②農地に当たるか否かは、土地の現況によって決する。登記簿上の地目とは関係がない。

③主として耕作・養畜事業のための採草または家畜の放牧に供される農地以外の土地を採草放牧地という。

④農地・採草放牧地の賃貸借の存続期間は、50年が上限。

⑤農地・採草放牧地の賃貸借は、登記がなくても、農地・採草放牧地の引渡しがあれば、その後所有権などの物権を取得した第三者に対抗できる。

2 農地の転用規制（4条許可）

⑥農地を農地以外のものに転用するには、原則として都道府県知事（指定市町村の区域内なら、その長）の許可が必要である。

⑦国・都道府県・指定市町村が農地を道路、農業用用排水施設に転用する場合は、許可不要。

⑧土地区画整理事業により、農地を道路に転用する場合も、許可不要。

⑨土地収用法などの法律によって、収用・使用した農地をその目的に供する場合も、許可不要。

⑩市街化区域内にある農地を、予め農業委員会に届け出て転用する場合も、許可不要。

⑪耕作事業を行う者が、その2a未満の農地を農業用施設に転用する場合も、許可不要。

100 農地法による規制(2)

一夜づけ 転用目的での市街化区域内の農地の取得は、農業委員会への事前届出でよい。

1 転用目的の権利移動規制（5条許可）

①転用目的で農地の所有権を移転するには、原則として都道府県知事（指定市町村の区域内なら、その長）の許可が必要。転用目的で賃借権などの使用収益を目的とする権利を設定・移転する場合も同じ。

②採草放牧地を農地以外のものに転用する目的で所有権の移転、賃借権などの設定・移転をする場合も、原則として都道府県知事（指定市町村の区域内なら、その長）の許可が必要である。

③採草放牧地を農地に転用する目的で所有権の移転などを行う場合は、農業委員会の許可を受ければよい。

④国・都道府県・指定市町村が道路、農業用用排水施設のために権利を取得する場合は、許可不要。

⑤土地収用法によって権利が収用される場合も許可不要。

⑥市街化区域内にある農地・採草放牧地について、予め農業委員会に届け出たうえで、転用目的で権利を取得する場合も、許可不要。

⑦必要な許可を受けないで行った行為は効力を生じない。

2 国・都道府県の特例

⑧国・都道府県・指定市町村が農地を転用する場合、国等と都道府県知事・指定市町村の長との協議が成立すると、都道府県知事の許可があったとみなされる。

⑨国・都道府県・指定市町村が転用目的で農地・採草放牧地の所有権などを取得する場合も同じ。

101 農地法による規制(3)

一夜づけ 農地の移転について必要な許可を受けないと、権利移転の効力を生じない。

1 農地・採草放牧地の権利移動規制（3条許可）

①農地・採草放牧地の所有権を移転するには、原則として農業委員会の許可が必要である。競売の場合も同じ。

②農地・採草放牧地について、賃借権などの使用収益を目的とする権利を設定・移転する場合も、原則として農業委員会の許可が必要である。

③抵当権は、使用収益を目的とする権利ではない。

④農地所有適格法人以外の法人も、農地を借りることについて許可を得ることができる。農地の取得はできない。

⑤所有権・賃借権などを取得するのが、国・都道府県の場合は、許可不要。

⑥民事調停法の農事調停による場合も、許可不要。

⑦土地収用法などによる場合も、許可不要。

⑧相続・遺産分割による場合も、許可不要。ただし、遅滞なく、農業委員会に届け出なければならない。

⑨必要な許可を受けないで行った行為は効力を生じない。

2 規制違反

⑩必要な許可を受けなかった者は、3年以下の懲役または300万円以下の罰金に処せられる。

⑪法人の代表者が、その法人の業務に関し、必要な許可を受けずに転用行為をした場合は、代表者が処罰されるだけでなく、法人にも1億円以下の罰金刑が科せられる。

⑫都道府県知事・指定市町村の長は、必要な許可を受けずに転用行為をした者に対して、工事の停止や原状回復などの是正措置を命ずることができる。

102 土地区画整理法による規制(1)

一夜づけ　土地区画整理事業施行区域内の規制は、換地処分の公告があるまで続く。

1 土地区画整理事業の施行者

①土地区画整理事業を施行できるのは、宅地の所有者・借地権者・土地区画整理組合・区画整理会社・地方公共団体・国土交通大臣・都市再生機構などである。

②公的機関は、都市計画で定めた施行区域内でしか土地区画整理事業を施行できないが、民間の施行者は、都市計画で定めた施行区域外でもできる。

③宅地の所有者などが1人または共同で土地区画整理事業を施行するには、都道府県知事の認可が必要である。

④宅地の所有者・借地権者は、その宅地を含む一定の区域の土地について土地区画整理事業を施行できる。宅地の所有者・借地権者が設立する土地区画整理組合も同じ。

⑤土地区画整理組合を設立するには、7人以上の宅地の所有者または借地権者が共同で定款と事業計画を定め、都道府県知事の認可を受ける必要がある。事業の完成などによる解散にも都道府県知事の認可が必要。

⑥土地区画整理組合が設立されると、施行地区内の宅地の所有者及び借地権者は、全て組合員となる。

2 土地区画整理事業施行区域内の規制

⑦土地区画整理組合の設立認可の公告後に施行地区内で事業の障害となり得る土地の形質変更・建築物の新築等をするには、都道府県知事または市町村長の許可が必要。

⑧土地区画整理事業の障害となり得る土地の形質変更・建築物の新築等の規制は、換地処分の公告があるまで続く。仮換地の指定があっても、解除されない。

103 土地区画整理法による規制(2)

一夜づけ 換地処分は、工事完了後が原則だが、工事完了前にできる場合もある。

1 換地計画

①施行者が宅地の所有者・土地区画整理組合・区画整理会社・市町村などの場合は、換地計画について都道府県知事の認可を受けなければならない。

②換地（交換される土地）は従前の宅地と資産価値が均衡するように配慮しなければならない（換地照応の原則）。不均衡が生じた場合は金銭（清算金）で清算される。

③施行者は、土地区画整理事業の施行費用に充てるため、保留地（換地としない土地）を定めることができる。

2 仮換地の指定

④土地の区画形質変更または公共施設の新設・変更の工事のため必要がある場合、施行者は、仮換地の指定ができる。換地計画に基づく換地処分に必要な場合も同じ。

⑤仮換地の指定は、従前の宅地及び仮換地となる土地の各所有者・使用収益権のある者に通知して行う。

3 換地処分

⑥換地計画の全ての工事完了後、遅滞なく、換地処分をしなければならない。ただし、規準などに定めがあれば、工事完了前に換地処分をすることもできる。

⑦換地処分は、換地計画で定めた事項を関係権利者に通知して行う。

⑧換地処分の公告があった翌日から、換地計画で定めた換地は、従前の宅地とみなされ、従前の宅地の権利関係が換地に移る。ただし、地役権は、行使する利益がある限り、従前の宅地に存続する。

104 媒介・代理契約(1)

一夜づけ 売買・交換の媒介・代理なら書面交付義務があるが、貸借の媒介・代理なら不要。

1 媒介・代理契約書

①宅地建物の売買・交換の媒介・代理を依頼された宅建業者は、遅滞なく書面を作成して記名押印し、依頼者に交付する必要がある。依頼者が宅建業者でも同じ。なお、書面の交付に代えて、依頼者の承諾を得て、記名押印に代わる措置を講じた電磁的方法で提供することもできる。

②媒介契約書には、宅地建物の売買価額または評価額、標準媒介契約約款に基づくか否か、報酬などを記載しなければならない。既存の建物の媒介なら、建物状況調査の実施者の斡旋に関する事項も記載する必要がある。

③依頼者が他の宅建業者に重ねて媒介・代理を依頼できるか否か、重ねて依頼した他の宅建業者を明示する義務があるか否かも、媒介契約書の記載事項である。専任義務や明示義務に違反した場合の措置も記載事項である。

④媒介契約書を交付しなかったり、必要な事項が記載されていなかったりすると、業務停止処分の対象になる。

⑤宅地建物の貸借については、媒介・代理契約を締結しても、書面を作成・交付する必要はない。

2 宅地建物の売買価額・評価額

⑥宅地建物を売買すべき価額または評価額について、宅建業者が意見を述べるときは、その根拠を明らかにしなければならない。

⑦根拠を明らかにしないと、業務停止処分の対象になる。

⑧根拠を書面で明らかにすることは、求められていない。

105 媒介・代理契約(2)

一夜づけ 専任媒介契約の更新には依頼者の申出を要し、更新後も有効期間は3か月が上限。

1 媒介契約の有効期間

①他の宅建業者に重ねて売買・交換の媒介・代理を依頼することを禁止する媒介契約を**専任媒介契約**という。

②専任媒介契約の有効期間は、**3か月**が上限である。3か月より長い期間を定めても、3か月に短縮される。

③専任媒介契約は、**依頼者の申出**がなければ更新できない。自動更新は無効。更新後の有効期間も3か月が上限。

④**一般媒介契約**の場合は、有効期間に制限がない。

2 指定流通機構への登録及び依頼者への報告

⑤宅建業者は、専任媒介契約を締結した場合は契約締結日から**7日**以内に、専属専任媒介契約を締結した場合は契約締結日から**5日**以内に、所定事項を指定流通機構に登録する必要がある（期限はいずれも休業日を除く）。**依頼者の氏名**は、登録事項ではない。

⑥指定流通機構に登録した宅建業者は、遅滞なく、登録を証する書面（依頼者の承諾があれば電磁的方法も可）を**依頼者**に引き渡さなければならない。

⑦登録した宅地建物の売買・交換契約が成立した場合、宅建業者は、遅滞なく、契約成立日等を**指定流通機構**に通知しなければならない。売主や買主の氏名は通知不要。

⑧専任媒介契約締結の宅建業者は、**2週間**に1回以上依頼者に業務処理状況を報告する必要がある。専属専任媒介契約の場合は1週間に1回以上報告する必要がある。

⑨申込みがあれば遅滞なく**依頼者**に報告。

106 広告

一夜づけ　インターネットによる広告も、著しく事実と違う表示は許されない。

1 誇大広告等の禁止

①宅建業者は、インターネット広告も含め、物件・現地の状況・対価等について著しく事実と違う広告や実際よりも著しく優良・有利と誤認させる広告をしてはならない。

②取引する意思のない物件の広告は、著しく事実と異なり許されない。売買成立後の広告継続は許されない。

③著しく事実と異なる広告または実際よりも著しく優良・有利と誤認させる広告をすると、損害がなくても、業務停止処分などを受ける。また、罰則もある。

④宅建業者は、広告をする際、自己が契約の当事者か・代理か・媒介かの別（取引態様の別）を明示しなければならない。注文を受けたときも同じ。規制は継続的に及ぶ。

2 未完成物件の広告等

⑤未完成物件についての宅建業（貸借の媒介・代理も含む）に関する広告は、開発許可・建築確認などの後でなければできない。

⑥未完成物件は、宅建業者が売買・交換契約を締結することも、開発許可・建築確認などの後でなければできない。締結の代理または媒介をすることも同じ。

⑦未完成物件の貸借については、開発許可・建築確認などがなくても、宅建業者は、契約を締結できる。締結の代理または媒介をすることもできる。

3 広告料金

⑧宅建業者は、依頼者から依頼された広告を除き、報酬とは別に広告料金を依頼者に請求することはできない。

107 勧　誘

一夜づけ　利益は確実と断言して勧誘すると、契約不成立でも業務停止処分の対象になる。

1 不当な勧誘等の禁止

①宅建業者・代理人・従業者は、勧誘の際、先ず、宅建業者の商号・名称、自らの氏名、勧誘の目的を告げなければならない。

②宅建業者・代理人・従業者は、勧誘の際、利益発生が確実と誤解させる断定的判断を告げてはならない。環境・交通などの利便について誤解させる断定的判断も同じ。

③断定的判断を告げれば、実際に契約が成立しなくても、業務停止処分の対象になる。

④宅建業者・代理人・従業者は、勧誘の際、正当な理由なく、判断に必要な時間の供与を拒んではならない。

⑤宅建業者・代理人・従業者は、勧誘の際、私生活の平穏を害するような方法で相手方等を困惑させてはならない。迷惑な時間の電話・訪問も禁止。

⑥宅建業者・代理人・従業者は、相手方等を威迫してはならない。また、契約を締結する意思のない者に対して勧誘を継続してはならない。

⑦宅建業者・代理人・従業者は、申込みを撤回した相手方に対し、預り金の返還を拒んではならない。預り金から報酬相当額を差し引くことは、返還拒否に当たる。

2 重要な事実の不告知等

⑧宅建業者は、勧誘の際、相手方の判断に重要な影響を及ぼす取引条件・資力等に関する事実を故意に告げないと、業務停止処分の対象となる。罰則もある。

⑨不実を告げた場合も同じ。

108 重要事項の説明(1)

一夜づけ 重要事項の説明は、宅建士が宅地建物を取得または借りようとしている者に行う。

1 重要事項の説明義務

①宅建業者は、契約の成立前に、宅建士に重要事項を説明させなければならない。一定の要件を満たせば、テレビ会議等のITを活用した説明も可。

②説明を怠ると、指示処分または業務停止処分の対象となる。情状が特に重い場合は、免許を取り消される。また、故意に説明しない場合は、罰則もある。

2 重要事項の説明方法

③重要事項を説明するのは、有効な宅建士証を持つ宅建士でなければならない。専任の宅建士である必要はない。

④重要事項の説明は、宅地建物を取得または借りようとしている者に対して行う。その者が宅建業者なら説明は不要。重要事項を記載した書面の交付だけでよい。

⑤重要事項の説明は、説明事項を記載した書面(35条書面)を交付して行わなければならない。ただし、相手方の承諾があれば、電磁的方法による代替も可。

⑥ 35条書面には、宅建士が記名しなければならない。専任の宅建士である必要はない。

⑦物件が未完成で図面が必要な場合は、図面を交付して説明しなければならない。例えば、未完成の建物の形状や構造は、平面図を交付して説明しなければならない。

⑧重要事項を説明する際、宅建士は、請求がなくても、相手方に宅建士証を提示しなければならない。提示を怠ると、10万円以下の過料に処せられる。

⑨報酬とは別に、説明の対価を受領することはできない。

109 重要事項の説明(2)

一夜づけ 建ぺい率・容積率の説明は、建物の売買・交換なら必要だが、建物の貸借なら不要。

1 取引物件に関する説明事項

①取引物件に関して登記された権利の種類・内容・登記名義人等の説明が必要である。

②物件の引渡時期、登記の申請時期、代金・交換差金・借賃の額は、説明不要。

③飲用水・電気・ガスの供給、排水のための施設の整備状況の説明が必要である。

④私道に関する負担についても、説明が必要である。ただし、取引が建物の貸借の場合は、説明不要。

⑤既存の建物の取引なら、建物状況調査の実施の有無、結果の概要の説明が必要である。

⑥取引が建物の売買・交換であれば、建ぺい率・容積率の説明が必要である。しかし、建物の貸借なら、説明不要。

⑦未完成物件の取引の場合は、工事完了時の形状・構造等について、説明が必要。外壁の塗装も、説明を要する。

2 区分所有建物の売買・交換特有の説明事項

⑧共用部分に関する規約があれば、案の段階でも、その内容を説明する必要がある。

⑨建物または敷地の一部を特定の者にのみ使用を許す規約があれば、案の段階でも、内容を説明する必要がある。しかし、使用者の氏名・住所は不要。

⑩建物の維持修繕費用の積立てに関する規約があれば、案の段階でも、内容の説明が必要。既に積み立てられた額や維持修繕の実施状況の記録内容も、説明を要する。

⑪管理組合の総会の議決権についての説明は不要。

110 重要事項の説明(3)

一夜づけ 手付金の額・授受目的についても説明が必要。

1 取引条件に関する説明事項

①代金・交換差金・借賃以外に授受される金銭(手付金・敷金等)の額・**授受の目的**について説明が必要である。

②**契約の解除**について説明が必要である。

③損害賠償額の予定・**違約金**について説明が必要である。

④斡旋する**ローン**の内容や不成立の場合の措置について、説明が必要である。

⑤50万円以上の支払金・預り金の**保全措置**の説明が必要。

⑥自ら売主となる場合の**手付金**等の保全措置について、概要の説明が必要である。

⑦契約不適合の際に**保証保険契約等**の措置を講ずるか否か、及び講ずるならその概要の説明が必要。

⑧**定期建物賃貸借**・定期借地権なら、その説明が必要。

⑨契約終了時の**金銭**の精算についても、説明を要する。

2 特殊な説明事項

⑩物件が**津波災害警戒区域内**にあれば、その説明が必要。

⑪物件が**土砂災害警戒区域内**にあれば、その説明が必要。

⑫物件が**造成宅地防災区域内**にあれば、その説明が必要。

⑬**石綿使用**の有無の調査結果が記録されていれば、その内容の説明が必要である。

⑭**耐震診断**を受けた場合、その内容の説明が必要。ただし、昭和56年6月1日以降に新築に着手した建物は不要。

⑮**住宅性能評価**を受けた新築住宅の売買・交換の場合、その旨の説明が必要である。しかし、貸借の場合は不要。

111 供託所等の説明

一夜づけ　営業保証金を供託した供託所・その所在地の説明は必要だが、供託額は説明不要。

1 供託所等の説明義務

①保証協会の社員でない宅建業者は、相手方等（宅建業者を除く）に対して、契約成立前に、営業保証金を供託した供託所・その所在地を説明するようにしなければならない。

②供託した営業保証金の額は、説明不要。

③保証協会の社員である宅建業者は、相手方等（宅建業者を除く）に対して、契約成立前に、社員である旨、保証協会の名称・住所、事務所の所在地、弁済業務保証金を供託した供託所・その所在地を説明するようにしなければならない。

④供託した弁済業務保証金の額は、説明不要。

⑤保証協会の弁済業務開始日前であれば、③の事項に加えて、営業保証金を供託した供託所・その所在地についても説明しなければならない。

⑥宅建業者間の取引では、説明義務はない。

⑦供託所等の説明義務に違反すると、指示処分の対象になる。

⑧重要事項の説明と異なり、供託所等の説明義務の相手方には、売主・貸主も含まれる。

2 供託所等の説明方法

⑨供託所等の説明は、宅建士に行わせる必要はない。

⑩説明は、口頭でもよい。重要事項の説明のように、書面の交付は義務付けられていない。

112 37条書面（契約書）の交付(1)

一夜づけ　宅建業者間の取引でも、宅建業者には、37条書面を交付する義務がある。

1 37条書面の交付義務

①宅建業者は、契約成立後遅滞なく、一定事項を記載した書面(37条書面)を交付しなければならない。ただし、相手方の承諾があれば、電磁的方法による代替も可。

②自ら当事者として売買・交換契約を締結した場合は、相手方に書面を交付する。

③宅建業者が代理・媒介という立場で取引した場合は、契約の両当事者に37条書面を交付する。

2 37条書面の作成方法

④37条書面を作成した場合、取引に関与した全ての宅建業者が宅建士に記名させなければならない。

⑤宅建士は、重要事項説明の書面に記名した者と同じである必要はない。専任である必要もない。

⑥宅建士がしなければならないのは、記名だけである。書面の作成・交付は、他の者でよい。

3 37条書面の必要的記載事項

⑦当事者の氏名(法人の名称)・住所、宅地建物の特定に必要な表示は、必ず記載しなければならない。

⑧代金・交換差金・借賃の額、支払の時期・方法も、必ず記載しなければならない。消費税等相当額も同じ。

⑨宅地建物の引渡時期も、必ず記載しなければならない。

⑩売買・交換の場合は、移転登記の申請時期も、必ず記載しなければならない。

⑪既存建物の売買・交換の場合、建物の構造耐力上主要な部分等の状況を当事者双方が確認した事項も必ず記載。

113 37条書面（契約書）の交付(2)

一夜づけ 宅地建物の登記された権利は説明の必要な重要事項だが、37条書面への記載は不要。

1 37条書面の任意的記載事項

①代金・交換差金・借賃以外に金銭の授受の定めがあれば、その額・授受の時期・目的を記載する必要がある。

②契約の解除について定めがあれば、その内容を記載する必要がある。

③損害賠償額の予定・違約金について定めがあれば、その内容を記載する必要がある。

④天災などの不可抗力による損害の負担について定めがあれば、その内容を記載する必要がある。

⑤売買代金・交換差金のローンの斡旋について定めがあれば、ローン不成立のときの措置を記載する必要がある。

⑥売買・交換の場合、契約不適合の際に講ずべき保証保険契約の締結などの措置について定めがあれば、その内容を記載する必要がある。措置の概要は記載不要。

⑦売買・交換の場合、宅地建物の租税その他の公課の負担について定めがあれば、その内容を記載する必要がある。

2 注意すべき事項

⑧法人の担当者・保証人・報酬について、37条書面に記載する必要はない。

⑨宅地建物の登記された権利は、重要事項として説明を要するが、37条書面に記載する必要はない。

⑩手付金等の保全措置も、重要事項として説明を要するが、37条書面に記載する必要はない。

114 代理・媒介による報酬(1)

一夜づけ 建物なら報酬の算定に消費税の考慮が必要だが、土地なら考慮不要。

1 代理・媒介による報酬の制限

①宅建業者が代理・媒介して取引を成立させた報酬は、**国土交通大臣**の定める額を超えてはならない。

2 売買・交換の代理・媒介による報酬額

②売買の**媒介報酬**は消費税抜きの本体価格から算出する。

③**建物**の売主が課税事業者の場合、代金から消費税を抜く必要がある（売買代金 ÷ 1.1 ＝ 本体価格）。土地の売買は課税対象ではなく、消費税を考慮する必要はない。

④売買の本体価格が200万円以下の場合は、**価格**の５％（本体価格 × 0.05）が依頼者１人に対する媒介報酬額の上限。

⑤売買の本体価格が200万円を超え、400万円以下の場合は、価格の４％に**２万円**を加えた額（本体価格 × 0.04 ＋ ２万円）が依頼者１人に対する媒介報酬額の上限。

⑥売買の本体価格が400万円を超える場合は、価格の３％に**６万円**を加えた額（本体価格 × 0.03 ＋ ６万円）が依頼者１人に対する媒介報酬額の上限。

⑦売主・買主の**双方**から媒介依頼を受けた場合、双方から④〜⑥の上限額まで受領できる（上限が２倍になる）。

⑧宅建業者の報酬は、**消費税**の課税対象であり、課税事業者なら、消費税分を加算できる（報酬額 × 1.1）。

⑨消費税の免税事業者は、**４**％を加算できる。

⑩代理なら、④〜⑥の**２倍**が上限。双方の代理でも同じ。

⑪１つの業者が売主を**代理**し、他の業者が買主の媒介をした場合、両者の報酬の合計額は、④〜⑥の２倍が上限。

⑫交換は、**高額**の方の物件の売買として報酬を計算する。

115 代理・媒介による報酬(2)

一夜づけ 居住用建物以外の貸借なら、権利金を売買代金とみなして報酬を計算できる。

1 居住用建物以外の貸借の代理・媒介

①居住用建物以外（事務所・宅地など）の貸借の代理・媒介によって宅建業者が受領できる報酬は、借賃の1か月分（課税事業者なら、1.1か月分）が上限。

②貸主・借主の双方から報酬を受領する場合は、合計額が限度内でなければならない。双方の割合に制限はない。

③居住用建物以外の貸借において権利金の授受があった場合、権利金を売買代金とみなして、報酬を計算できる。権利金を基準に算出した額と1か月分の借賃のいずれか高い方が上限となる。

④非居住用建物の賃料は、消費税を抜いてから（÷1.1）報酬を計算する。土地の賃料は、課税対象ではない。

2 居住用建物の貸借の代理・媒介

⑤居住用建物の貸借についても、代理による報酬は、居住用建物以外の場合と同じ。合計で借賃の1か月分（課税事業者なら、1.1か月分）以内であればよい。

⑥媒介による報酬も、双方から受領できる合計額の上限は同じ。しかし、一方から受領できるのは、借賃の0.5か月分（課税事業者なら、0.55か月分）が上限とされている。ただし、依頼を受ける際に、依頼者が承諾していれば、一方から借賃の1か月分（課税事業者なら、1.1か月分）以内の報酬を受領できる。

⑦居住用建物の貸借の場合は、権利金があっても、それを売買代金とみなして、報酬を計算することはできない。

⑧居住用建物の賃料は、消費税の課税対象ではない。

116 代理・媒介による報酬(3)

一夜づけ 特別の依頼がない場合、現地調査等の費用加算は代金400万円以下の物件に限られる。

1 空家等の売買・交換の特例

①代金額400万円以下の宅地・建物の売買・交換の媒介・代理であり、かつ、通常の取引と比較して現地調査等の費用を要するものは、当該現地調査等に要する費用を加算した報酬を受領することができる。貸借の媒介・代理の場合は、現地調査等の費用の加算は認められない。

②現地調査等の費用は、空家等の売主または交換を行う者（依頼者）からしか受領できず、空家等の買主または交換を受ける者に請求することはできない。

③現地調査等の費用を加算する場合、本来の報酬との合計額は18万円（消費税抜き）が限度である（現地調査等をすることにつき依頼者の特別の依頼はないものとする）。

④この特例の適用を受けるためには、媒介・代理契約締結に際し、予め依頼者に説明をし、両者間で合意しておく必要がある。

2 広告料金等の請求

⑤依頼者の依頼によって行う広告の料金に相当する額は、報酬とは別に受領することができる。

⑥依頼者の特別の依頼により支出を要する特別の費用（例遠隔地における現地調査に要する実費）に相当する金銭で、その負担について事前に依頼者の承諾があるものは、報酬とは別に受領することができる。この費用は、空家等の売買・交換の特例と異なり、400万円超の物件にも適用され、また18万円の上限はなく、買主から受領することも可能である。

117 監督・罰則(1)

一夜づけ 指示・業務停止処分は、免許権者に加え、業務地を管轄する都道府県知事もできる。

1 宅建業者の指導・検査等

①国土交通大臣は、全ての宅建業者に対して必要な指導・助言・勧告ができる。都道府県知事は、管轄区域内で宅建業を営む宅建業者に対して必要な指導等ができる。

2 宅建業者に対する監督処分

②宅建業者に対して監督処分（指示・業務停止・免許取消し）をするには、公開の聴聞が必要である。

③免許取消処分は免許権者しかできないが、指示・業務停止処分は業務地を管轄する都道府県知事もできる。

④指示・業務停止処分の年月日・内容は、免許権者のところにある宅建業者名簿に記載される。

⑤業務停止処分・免許取消処分をした場合、国土交通大臣は官報で、都道府県知事は公報等で公告する必要がある。しかし、指示処分の場合は不要。

⑥指示処分は、宅建業法違反や業務に関して損害を与えた場合などに限られ、業務に関しない行為にはできない。

⑦業務に関する行為なら、宅建業法以外の法令に違反し宅建業者として不適当と認められる場合も指示処分ができる。宅建士が事務禁止・登録消除処分を受け、宅建業者に責めに帰すべき理由がある場合もできる。

⑧宅建業者が指示処分に従わなかった場合、免許権者・業務地を管轄する都道府県知事は、1年以内の期間を定めて業務の全部または一部の停止を命ずることができる。

⑨宅建業者が業務停止処分に違反した場合、免許権者は免許を取り消す必要がある。

118 監督・罰則(2)

一夜づけ 都道府県知事は、区域内で活動する宅建士に対しても指示・事務禁止処分ができる。

1 宅建士に対する監督

①国土交通大臣は、全ての宅建士に対して必要な報告を求めることができるが、監督処分はできない。

②都道府県知事は、自己のところに登録または区域内で活動する宅建士に対して必要な報告を求めることができる。

③都道府県知事は、自己のところに登録している宅建士が不正または著しく不当な行為をした場合・他人に名義を貸し他人がそれを使って宅建士と表示をした場合などには、指示・事務禁止処分ができる。

④都道府県知事は、区域内で活動する宅建士に対しても、同様に指示・事務禁止処分ができる。ただし、遅滞なく、登録している知事に通知する必要がある。

⑤都道府県知事は、自己のところに登録または区域内で活動する宅建士が指示処分(自らの処分に限らない)に従わない場合、事務禁止処分ができる。

⑥都道府県知事は、自己のところに登録している宅建士が事務禁止処分(自らの処分に限らない)に従わない場合、登録消除処分ができる。

2 罰則

⑦宅建業者が、正当な理由なく、業務上知り得た秘密を漏らすと、業務停止処分に加え、処罰されることもある。

⑧事務禁止処分を受けた宅建士が、速やかに宅建士証を交付した都道府県知事に提出しなかった場合、10万円以下の過料に処せられる。

119 住宅金融支援機構(1)

一夜づけ 住宅ローン債権には、付随する土地または借地権の取得資金の貸付債権も含まれる。

1 証券化支援業務

①証券化支援業務は、住宅金融支援機構の主たる業務であり、一般金融機関による融資を支援するものである。

②証券化支援業務には、買取型と保証型がある。

③買取型とは、民間金融機関の長期固定金利の住宅ローン債権（貸付債権）を買い取り、証券化する業務をいう。

④住宅ローン債権には、住宅の建設・購入資金の貸付債権だけでなく、付随する土地または借地権の取得資金の貸付債権も含まれる。中古住宅の購入資金も含まれる。しかし、改良資金は、購入に付随するものを除き、対象外。

⑤住宅ローン債権は、自ら居住する住宅または親族の居住の用に供する住宅に関するものでなければならない。

⑥住宅金融支援機構は、買い取った住宅ローン債権を担保としてMBS（資産担保証券）を発行し、投資家から資金を調達している。

⑦保証型とは、民間金融機関が長期固定金利の住宅ローン債権を担保に発行した債券等の元利払いを保証する業務をいう。

2 融資保険業務

⑧住宅金融支援機構は、民間金融機関が貸し付けた住宅ローンについて、住宅融資保険を引き受けることにより、住宅資金の円滑な供給を促進している。

⑨住宅融資保険とは、民間金融機関が貸し付けた住宅ローンが返済不能になり、元利金を回収できないことによる損害を填補するものである。

120 住宅金融支援機構(2)

一夜づけ 住宅金融支援機構が直接融資するのは、民間では対応困難な災害復興融資等である。

1 直接融資業務

①住宅金融支援機構は、**融資業務**を行わないのが原則。

②政策的に重要だが、民間では対応が困難なものに限り、**住宅金融支援機構**が直接融資を行い、民間金融機関を補完している。

③住宅金融支援機構が直接融資を行うのは、災害復興融資、**財形住宅融資**、子育て世帯向け・高齢者世帯向け賃貸住宅融資などである。災害復興建築物の建設・購入のための貸付金は、元金返済の据置期間を設定できる。

④バリアフリー工事など、高齢者が自ら居住する住宅を高齢者の家庭に適したものにする改良にも、住宅金融支援機構は**直接融資**を行う。この貸付金の元金を本人の死亡時に一括返済する制度がある(高齢者向け返済特例)。

⑤住宅金融支援機構は、貸付けを受けた者と予め契約を締結して、その者の死亡・重度障害により支払われる保険金を債務の**弁済**に充当できる(団体信用生命保険業務)。

⑥経済情勢の著しい変動に伴い、住宅ローンの元利金の支払いが著しく困難となった場合、住宅金融支援機構は、償還期間の延長等の**貸付条件の変更**を行っている。

2 情報の提供業務

⑦住宅金融支援機構は、住宅の建設・購入・改良等をしようとする者に対し、資金の調達または良質な住宅の設計・建設等に関する**情報の提供**、相談などの援助を行う。

⑧住宅金融支援機構は、住宅の建設等に関する**事業**を行う者に対しても、同様の情報の提供、相談などの援助を行う。

121 景品表示法・公正競争規約

一夜づけ 未完成物件についての表示は、開発許可・建築確認等の後でないとできない。

1 規制される表示

①規制の対象となるのは、顧客を**誘引**する手段として行われる広告等の表示であり、効果の有無は問わない。モデル・ルームやインターネット広告も規制の対象である。

②**存在しない物件**の広告表示は許されない。取引の対象となり得ない物件や取引する意思のない物件も同じ。

③**未完成物件**についての取引に関する表示は、開発許可・建築確認等の後でないとできない。

2 表示用語の意味

④**新築**とは、建築後1年未満であって、かつ、居住の用に供されたことのないものをいう。

⑤新発売とは、新たに造成された宅地・新築の住宅について、初めて購入申込みの**勧誘**を行うことをいう。

3 表示の仕方

⑥売主・買主・代理・**媒介**（仲介）という用語を用いて、取引態様を表示しなければならない。

⑦徒歩による所要時間は、道路距離80 mを**1分**として計算する。1分未満の端数は切り上げ、1分と計算する。

⑧新設の**駅**・停留所は、運行主体が公表したものに限り、新設予定時期を明示して表示できる。

⑨価格は、1区画（戸）当たりの価格を表示する。全ての表示が困難な場合は、1区画（戸）当たりの最低価格・最高価格・**最多価格帯**とその販売数を表示する。

⑩見取図・完成図・**完成予想図**は、その旨を明示する。周囲の状況を表示する場合は、現況に反してはならない。

122 土　地

一夜づけ 丘陵地・台地・段丘は宅地に適し、扇状地や自然堤防も宅地として利用できる。

1 土地の特徴

①丘陵地・台地・段丘は、よく締まった砂礫・硬粘土からなり、一般に水はけがよく、地盤が安定しているので、宅地に適する。ただし、縁辺部は崖崩れの危険がある。

②国土の約13％を占める低地は、ほとんどの地盤が軟弱で液状化の危険性が高く、洪水・高潮・津波の危険性も高い。宅地には適していない。

③谷の出口に砂礫などが堆積して扇状にできた微高地である扇状地は、地盤が堅固なため、宅地として利用できる。ただし、土石流災害に対しては要注意。

④河川からの砂や小礫の供給が多い場所に形成される砂礫質の微高地である自然堤防も、宅地として利用できる。

⑤埋立地は、干拓地よりは安全であり、工事がしっかりしていれば、宅地として利用できる。

2 地　形

⑥斜面の等高線の間隔が不揃いで大きく乱れているような場所では、過去に崩壊が発生した可能性がある。

⑦断層地形は、直線状の谷など、地形の急変する地点が連続して存在するといった特徴が見られる。

⑧地すべり地の多くは、地すべり地形と呼ばれる独特の地形を呈し、竹などの好湿性の植物が繁茂する。

3 宅地造成

⑨地盤沈下量は、一般に切土部分より盛土部分が大きい。

⑩切土または盛土した崖面の擁壁は、鉄筋・無筋コンクリート造、間知石練積み造などの練積み造とする。

123 建　物

一夜づけ 鉄骨構造は耐火性が低く、耐火構造にするには、耐火材料で被覆する必要がある。

1 建築物の構造耐力・耐震性

①高さが**60m**を超える建築物は構造方法を耐久性等関係規定に適合させ、国土交通大臣の認定を得る必要がある。

②**免震構造**は、建物の下部構造と上部構造の間に積層ゴムなどを設置し、揺れを減らす構造である。

2 木造建築物

③**木材**の強度は、乾燥して含水率の小さい方が大きい。また、乾燥状態の方が耐久性に優れ、耐久性を保つためには、防虫対策が有効である。

④**構造耐力上**主要な部分に使用する木材は、節・腐れ・繊維の傾斜・丸身等による耐力上の欠点のないものでなければならない。

⑤**集成材**は、単板等を積層したもので、伸縮・変形・割れ等が生じにくく、大規模な木造建築物にも使用される。

3 鉄骨造・鉄筋コンクリート造

⑥**鉄骨造**は、自重が軽く、また、靭性が大きいことから、大空間の建築や高層建築に多く用いられる。

⑦鉄は、**炭素含有量**が多いほど強度は増すが伸びは減少。

⑧常温での鉄筋とコンクリートの**熱膨張率**は、ほぼ同じ。

⑨コンクリートのアルカリ性が失われることをコンクリートの**中性化**といい、ひび割れの原因となる。

⑩**鉄筋コンクリート造**に使用される骨材・水・混和材料は、鉄筋を錆びさせ、コンクリートの凝結・硬化を妨げるような酸・塩・有機物・泥土を含んではならない。

⑪鉄筋コンクリート造の骨組は、**ラーメン構造**が一般的。

●著者紹介●

植杉　伸介（うえすぎ・しんすけ）

1955年（昭和30年）生まれ。早稲田大学法学部卒業。1986年（昭和61年）より宅建士試験の受験指導を始める。宅建士試験の受験用書籍・問題集の執筆多数。宅建士試験を知り尽くしている。わかりやすく受験指導する仕方について、常に工夫を怠らない。受験者の立場に立って教材を作成し、講義をすることをモットーにしている。

企画原案　水 田 嘉 美
装　　丁　やぶはな あきお

一夜づけ！宅建士 2024

2024年3月11日　第1刷発行

著　者　植　杉　伸　介
発行者　株式会社　三　省　堂
代表者　瀧本多加志
印刷者　大日本法令印刷株式会社
発行所　株式会社　三　省　堂
〒102-8371　東京都千代田区麴町五丁目7番地2
電　話（03）3230-9411
https://www.sanseido.co.jp/

<24 一夜づけ宅建士・136pp.>

落丁本・乱丁本はお取り替えいたします。
本書の内容に関するお問い合わせは、弊社ホームページの「お問い合わせ」フォーム（https://www.sanseido.co.jp/support/）にて承ります。

ISBN978-4-385-32544-6